天津市重点出版扶持项目

津沽名家文库（第一辑）

古代汉语读本

马汉麟 著

南开大學 出版社

天 津

图书在版编目(CIP)数据

古代汉语读本 / 马汉麟著. —天津：南开大学出版社，2019.9

（津沽名家文库. 第一辑）

ISBN 978-7-310-05779-5

Ⅰ. ①古… Ⅱ. ①马… Ⅲ. ①古汉语—教材 Ⅳ. ①H109.2

中国版本图书馆 CIP 数据核字(2019)第 059668 号

南开大学出版社出版发行

出版人：刘运峰

地址：天津市南开区卫津路 94 号　　邮政编码：300071

营销部电话：(022)23508339　23500755

营销部传真：(022)23508542　　邮购部电话：(022)23502200

*

天津丰富彩艺印刷有限公司印刷

全国各地新华书店经销

*

2019 年 9 月第 1 版　　2019 年 9 月第 1 次印刷

210×148 毫米　32 开本　8.75 印张　6 插页　210 千字

定价：65.00 元

如遇图书印装质量问题,请与本社营销部联系调换,电话：(022)23507125

马汉麟先生(1919—1978)

何贤士之难欲也！(盐·刺复11)

　　(感叹句)

擬于之制材木也，正其规矩而鍪枘凿；师旷之谐五音也，
正其六律而宫商凋。(同上11)

　　("之")

桓公之于管仲，耳而目之(盐·刺复12)

　　("……之于……"/"耳""目"名词用为动词。)
　　　　　　　　　　幽君子劳于求贤，逸于用之。

善国之剥乱其。(盐·论儒12)

　　(副词谓语句)

儒者之安国尊君，未始有效也。(同上12)

　　("之")

马劲千里，不如胡代；士贵成功，不必文辞(同上13)

孔子兄南子，非礼也。(同上13)

　　("孔子兄南子"主谓谓语句。)

匹夫之力尽于南亩，还妇之力尽于麻枲，田野辟，麻枲治，
则上下俱衍，何困之之有矣？(盐·园池15)

　　("何……之有")

出版说明

　　津沽大地，物华天宝，人才辈出，人文称盛。

　　津沽有独特之历史，优良之学风。自近代以来，中西交流，古今融合，天津开风气之先，学术亦渐成规模。中华人民共和国成立后，高校院系调整，学科重组，南北学人汇聚天津，成一时之盛。诸多学人以学术为生命，孜孜矻矻，埋首著述，成果丰硕，蔚为大观。

　　为全面反映中华人民共和国成立以来天津学术发展的面貌及成果，我们决定编辑出版"津沽名家文库"。文库的作者均为某个领域具有代表性的人物，在学术界具有广泛的影响，所收录的著作或集大成，或开先河，或启新篇，至今仍葆有强大的生命力。尤其是随着时间的推移，这些论著的价值已经从单纯的学术层面生发出新的内涵，其中蕴含的创新思想、治学精神，比学术本身意义更为丰富，也更具普遍性，因而更值得研究与纪念。就学术本身而论，这些人文社科领域常研常新的题目，这些可以回答当今社会大众所关注话题的观点，又何尝不具有永恒的价值，为人类认识世界的道路点亮了一盏盏明灯。

　　这些著作首版主要集中在 20 世纪 50 年代至 90 年代，出版后在学界引起了强烈反响，然而由于多种原因，近几十年来多未曾再版，既为学林憾事，亦有薪火难传之虞。在当前坚定文化自信、倡导学术创新、建设学习强国的背景下，对经典学术著作的回顾

1

与整理就显得尤为迫切。

本次出版的"津沽名家文库（第一辑）"包含哲学、语言学、文学、历史学、经济学五个学科的名家著作，既有鲜明的学科特征，又体现出学科之间的交叉互通，同时具有向社会大众传播的可读性。具体书目包括温公颐《中国古代逻辑史》、马汉麟《古代汉语读本》、刘叔新《词汇学和词典学问题研究》、顾随《顾随文集》、朱维之《中国文艺思潮史稿》、雷石榆《日本文学简史》、朱一玄《红楼梦人物谱》、王达津《唐诗丛考》、刘叶秋《古典小说笔记论丛》、雷海宗《西洋文化史纲要》、王玉哲《中国上古史纲》、杨志玖《马可·波罗在中国》、杨翼骧《秦汉史纲要》、漆侠《宋代经济史》、来新夏《古籍整理讲义》、刘泽华《先秦政治思想史》、季陶达《英国古典政治经济学》、石毓符《中国货币金融史略》、杨敬年《西方发展经济学概论》、王亘坚《经济杠杆论》等共二十种。

需要说明的是，随着时代的发展、知识的更新和学科的进步，某些领域已经有了新的发现和认识，对于著作中的部分观点还需在阅读中辩证看待。同时，由于出版年代的局限，原书在用词用语、标点使用、行文体例等方面有不符合当前规范要求的地方。本次影印出版本着尊重原著原貌、保存原版本完整性的原则，除对个别问题做了技术性处理外，一律遵从原文，未予更动；为优化版本价值，订正和弥补了原书中因排版印刷问题造成的错漏。

本次出版，我们特别约请了各相关领域的知名学者为每部著作撰写导读文章，介绍作者的生平、学术建树及著作的内容、特点和价值，以使读者了解背景、源流、思路、结构，从而更好地理解原作、获得启发。在此，我们对拨冗惠赐导读文章的各位学者致以最诚挚的感谢。

同时，我们铭感于作者家属对本丛书的大力支持，他们积极创造条件，帮助我们搜集资料、推荐导读作者，使本丛书得以顺利问世。

最后，感谢天津市重点出版扶持项目领导小组的关心支持。希望本丛书能不负所望，为彰显天津的学术文化地位、推动天津学术研究的深入发展做出贡献，为繁荣中国特色哲学社会科学做出贡献。

南开大学出版社
2019 年 4 月

《古代汉语读本》导读[①]

吴　云

马汉麟（1919—1978），江苏泰县（今江苏省泰州市）人，著名语言学家，毕生从事教育工作，是高等教育领域一位辛勤的园丁，一位杰出的学者。马先生在古代汉语教学与研究方面成绩卓著，为我国高校的古代汉语课程建设做出了巨大贡献。

一、马汉麟先生的生平及建树

马汉麟出生于 1919 年，1939 年秋考入国立西南联合大学中国语言文学系，1944 年毕业。大学期间，马汉麟专攻音韵学，但也钻研文字学和训诂学，同时爱好古典文学。马汉麟的受业之师多为大家，在语言文字学方面，"得大师罗常培、唐兰、王力、吕叔湘等先生的真传"；在文学方面，"除了岳父游国恩先生之外，还有闻一多、朱自清、罗庸先生等"。[②]据当时在西南联大任教的张清常教授回忆，马汉麟勤奋好学，乐观进取，不但孜孜追求学术，在自然科学、艺术、建筑等方面也多有兴趣。同时，他对品

---

① 本文由吴云教授执笔，在编辑过程中，经作者同意，本社根据其他相关资料，对导读内容做了必要的增补和修改。特此说明。

② 张清常：《忆汉麟》，载南开大学中国语言文学系古代汉语教研室编《纪念马汉麟先生学术论文集》，南开大学出版社，1998 年，第 2 页。

1

德格调要求很高，为人认真直率，尊师重道。除了品学兼优，马汉麟还有一项"特殊光荣"："西南联合大学纪念碑阴面，唐兰篆额、刘晋年书丹之'西南联合大学抗战以来从军学生题名录'著录共834人（不包括长沙临时大学时期参加抗战工作的295人）中'应征翻译官'的第231名便是他。"①

大学毕业后，马汉麟曾以译员名义在昆明译员训练班做一般的文书工作。抗日战争胜利后，译训班解散。1946年夏，西南联大师生员工复员回京，秋天，马汉麟亦离开昆明来到北京。随后，马汉麟由清华大学文书组调到中文系任助教。在教学之余，他仍把精力放在音韵、训诂的研究上。1946至1948年曾在《新生报》"语言与文学"专栏上发表过《罗敷考音》《"倭堕髻"解》等五篇论文。借参加清华大学文物陈列室工作之便，马汉麟潜心研究甲骨文，1956年发表的《关于甲骨卜旬的问题》和《论武丁时代的祀典刻辞》就是当时的研究成果②，这两篇文章很有影响。语言学家朱德熙先生忆及马先生早年治学特点及成就时说："汉麟治学，严谨不苟。因此，他写的学术性文章大都确切可信，经得起推敲。例如他在《关于甲骨卜旬的问题》一文中列举大量事实证明过去认为甲骨卜旬以甲日到癸日为一旬是错误的，实际上殷人以癸日至壬日为一旬。这一点发罗（振玉）、王（国维）、郭（沫若）、唐（兰）之所未发，由于证据确凿，目前已成定论。"③

1952年，由于全国高校院系调整，清华大学不设文科，马汉麟奉调到马列学院（今中共中央党校前身）语文教研室任教，讲授语法和修辞课，开始研究现代汉语语法。他编写的讲义经两度教学实践，效果较好。1957年出版的《语法概要》就是根据当时

---

① 张清常：《忆汉麟》，载南开大学中国语言文学系古代汉语教研室编《纪念马汉麟先生学术论文集》，南开大学出版社，1998年，第2页。
② 这两篇论文均发表于《南开大学学报》（人文科学）1956年第1期。
③ 朱德熙：《古汉语语法提要·序》，陕西人民出版社，1985年，第2页。

的讲义整理修改而成的。该书旨在帮助读者掌握必要的语法知识，以提高阅读、写作水平。马汉麟在《语法概要》的序言中说："当时的讲义初稿是按照学院讲授语法的三个原则编写的，这三个原则是：一、简单明了；二、合乎实用；三、采取现在各语法家的较好的意见，不偏从'一家之言'。"当然，他在采取各家之长的同时也表达了自己的见解。《语法概要》一书的特色"表现为以下两点：（一）着重句子的结构分析，适当地介绍一些必要的语法知识。这样做，既无损于一般语法规律的揭示，又可避免烦琐叙述，减少了读者的学习负担。（二）重视实践指导。在每一章节中配合理论，列举病句，说明错误的原因。同时，在分析句子时，把有关造句方面的逻辑、修辞上的必要知识和句法结合起来，加强指导作用。每一章之后又附有习题，用来帮助读者思考和运用语法知识"①。此外，他还发表了两篇有关现代汉语语法的论文《论两面性的动词(语法笔记之一)》和《新兴的"把字句"(语法笔记之二)》，均发表于《南开大学学报（人文科学）》1955年第1期。

　　1954年，马汉麟应南开大学中文系系主任李何林之邀，调入南开大学，负责教授古代汉语课程。从是年至1978年逝世的二十余年里，马先生把全部心血和精力都投入到古代汉语教学和研究中。从讲师、副教授到教授②，历任南开大学中文系语言学教研室主任、南开大学学术委员会委员、天津市语文学会理事等职。

　　当时教育部倡导全国高校有条件者要开设古代汉语课，马汉麟刚到南开大学，中文系便决定暑假后开设此课。作为先行者，古代汉语课程的局面是既无教材，又无可以借鉴的经验，教学工

---

　　① 参见董树人执笔"马汉麟"条目，载《中国语言学家》编写组编《中国现代语言学家》（第二分册），河北人民出版社，1982年，第167页。
　　② 关于马先生的职称，张清常先生《忆汉麟》一文中写道："1978年夏，南开大学被中断多年的学术评议会讨论晋升正教授的人选问题，全体通过马汉麟等晋升正教授。九月汉麟逝。"此表述足可为证。

作可谓困难重重。马汉麟知难而进，全力以赴，刻苦钻研。他一边搜集资料、自编教材，一边自刻讲义、习题、考题，工作常至深夜两三点，甚至通宵达旦。他从古籍中摘取有语法特点的短文，然后自己刻蜡版，再送到教务处印刷，每次上课时先发讲义，再授课。

马先生曾说，搞教学要有一颗热乎乎的心，想方设法把学生教懂。所以他既重视教材建设，也重视课堂教学，对教材设计、课堂教学、作业批改与评讲，以及课外辅导每个环节都高度负责，即使是已经讲了几遍的内容也要重新写教案。他讲课条理清楚，重点突出，深入浅出，引人入胜，深受学生欢迎，有时因听课的人多不得不临时增加座位。

马先生讲课最突出的特点是从感性到理性。例如他讲《论语》或《孟子》，先讲其中的一段课文，然后再讲此段课文中的语法特点，这样便引起了学生极浓厚的兴趣。不仅如此，他对"之、乎、者、也、已、焉、哉"等每个虚词的作用讲得一清二楚。这是马先生在古代汉语教学领域的创新。笔者作为马先生的学生，曾经请教马先生："您的古代汉语课，人人听了都喜欢，每个班都反映好，其中的窍门是什么？"他听后沉默了一会儿，用舒缓的语气告诉我，讲课是一门综合艺术，学识浅者必然讲不好课，学问深者，即便是学术权威也不一定都能把课讲好。讲课要注意四点：其一要熟悉教材，有的短课文能背下来，有些较复杂的课文也要熟悉并能用自己的语言讲出来，千万不要读讲义；其二，讲课的语气应有抑、扬、顿、挫；其三，讲课要有情感，要把讲的内容饱含深情地讲出来；其四，讲课时语速要适中，太快了不好，太慢了也不好，要让听课的人既能听懂又能记下笔记。

马汉麟主张教学与科研相结合。他认为教学与科研要同时抓，以教学带科研，以科研促教学。他说不搞科研就不能提高教学，光搞科研不重视教学等于放弃本职工作。他自己一面为搞好教学而绞尽脑汁，一面为科研而埋头苦干。马汉麟多年的教学实践和平日的科研工作，使他对古代汉语的规律的认识不断加深，逐渐形成了自己的体系。

1960 年，署名"南开大学中文系语言学教研组编"的《古代汉语读本》由人民教育出版社出版（1982 年中州书画社出版修订本，2004 年天津古籍出版社以《马汉麟古代汉语讲义》为书名再次出版）。"该书是马汉麟领导一名年轻教师和数名学生，在他的教学讲义基础上编写而成的，书中熔铸了他多年的教学实践经验和科研成果。"[①]马汉麟在日记中写道："从体例到选材，从注解到语法分析，我付出了不少的劳动和心血。特别是其中语法部分，包含了我几年来没有发表的若干科学研究成果。"因此，"该书实际上是马汉麟的学术著作，该书的体系是他创立的一个新的古汉语语法体系"[②]。《古代汉语读本》以文言语法的重要问题为纲，配合课文、注解、练习，使初学者能较快地掌握古代汉语的基本规律，提高阅读一般古书的能力。事实证明，该书简明实用，出版以来，受到广大读者的欢迎，并被很多高等院校选用。这部书在古代汉语课程的教法和教材建设上具有开创性的意义，后来所出的《古代汉语》教材，大多采用或吸取了这部教材的体系。

1961 至 1963 年，马汉麟赴北京参加王力先生主编的四卷本《古代汉语》教材编写工作，为该书常用词、通论部分负责人；还负责执笔古代文化常识部分[③]。这部教材的语法部分，以《古代

---

① 参见董树人执笔"马汉麟"条目，载《中国语言学家》编写组编《中国现代语言学家》（第二分册），河北人民出版社，1982 年，第 168 页。

② 同上。

③ 2008 年世界图书出版公司出版的《中国古代文化常识（插图修订第 4 版）》即王力先生主编的《古代汉语》教材的"古代文化常识"部分。该书后记中特别说明，此书原版的执笔人为马汉麟先生。

汉语读本》为主要内容并加以扩大，文选部分在马先生指导下加以扩展。其理论指导仍为"从感性到理性"，通过讲文章来讲出语法特点。此书出版后，全国高校的古代汉语课都采用了此书做教材。

1971 至 1972 年，马汉麟为南开大学历史系学生讲授古代汉语课的语法部分，为此编写了讲义，1974 年后，他对一稿曾做过一些修订，撤换和增补了一些例句。马先生去世后，此书原稿佚失。1979 年，在笔者提议下，陕西人民出版社应社会需要，根据南开大学中文系 1972 年的油印本，以《古汉语语法提要》为书名正式出版，成为马汉麟先生的遗著，1985 年又出版了增订本。该书出版前，马汉麟先生的同学、语言学家朱德熙先生校阅了全稿，做了大量的工作，并为该书作序。朱先生在序言中说："这部书篇幅不大，但内容充实，条理清楚，举例精当，是学习古汉语语法很好的入门书。……书中还常常通过古今语的对比来说明古汉语语法的特点。这些对初学的人都是很有帮助的。"

马汉麟先生对古代汉语语法研究之深入，还体现在两篇论文中，即 1962 年发表于《中国语文》第 10 期的《古代汉语"所"字的指代作用和"所"字词组的分析》和发表于《南开大学学报（哲学社会科学版）》上的遗作《古代汉语三种被淘汰的句型》。这些研究成果体现出马汉麟对语言现象观察非常细致，分析精当，常能从极常见的语言现象中发现问题，从前人的研究中发现问题，提出自己独到的见解，开阔人们的研究思路。马汉麟研究语法，"有一个十分明确的指导思想，就是尊重语言事实。从事实出发，用事实说话，探求符合语言实际的规律，揭示客观存在的语法问题的本质。他一再强调语法的社会性，反对以今释古，都是从这一思想出发的"①。马

---

① 解惠全：《回忆恩师马汉麟》，载南开大学中国语言文学系古代汉语教研室编《纪念马汉麟先生学术论文集》，南开大学出版社，1998 年，第 19 页。

汉麟很重视积累资料，平日读书，大都在书上画记号、写批注，还坚持做笔记、做卡片。他在多年的研究中积累了大量的卡片，数万条古汉语语法例句素材，对古汉语语法规律有许多新发现。马先生还结合自己的心得，悉心指导学生从事科研工作。例如在选题问题上，马先生认为须具备三点：其一为原创性，即古今没有研究过的题目；其二，所选的题目要在你研究的学科占有较重要地位；其三，你完成的科研成果，要形成一个"台阶"。

关于马先生生平，须补充事情较多。特别是历次政治运动，摧残了马先生的身心。马先生1954年调到南开大学任教，三年后的1957年，反右派斗争扩大化，将他错划为"中右"。特别是1958年，是他受难的一年。全国高校掀起"拔白旗"的高潮，高喊口号，要打倒"资产阶级权威"，其声势之浩大是空前的。中文系最受欢迎和爱戴的教师马汉麟、许政扬先生被当作"白旗"重点批判，紧接着又发起了另一项运动，也就是群众搞科研，写批判文章，编写教材，当时在编写组，马先生实际上"靠边站"了。

马先生还有一个沉重的包袱背了几十年，就是前面张清常先生认为是"特殊光荣"的事，即应征任翻译官。其时正逢国共合作，共同抗日，美国帮助中国抗日，故急需翻译人才，通过考试，马先生被录取。当时规定翻译官都授以少校军衔。中华人民共和国成立后，一度在"左"的路线影响下，对凡任过少校以上军衔者均以严重政治问题对待。尤其是1967年"工宣队"进校后，搞学习、搞大批判，一坐就是一整天，无论是精神还是体力，对他来说都是难以支持的，1969年冬搞"战备疏散"，南开被疏散到保定地区的北城村，马先生也在其列。他患坐骨神经痛，到农村后更严重了，既得不到及时治疗，又不能返校。他让同住的学生给他扎针，但因为他身体虚弱，下肢严重浮肿，这位学生怕他经受不起强烈的刺激，马先生几次请求，对方都没有答应。后来，在马先生的一再请求下，这位学生才提心吊胆地给他扎了一个多月……

自 1957 年以来，马汉麟先生长期患高血压、心脏病，"文革"期间，精神上备受摧残，病情加剧。1972 年，他患上心肌梗死，动辄心绞痛、憋闷、气短，医院开了全休假，但他仍经常忍着心绞痛、含着硝酸甘油片参加教研室的业务会，在家编写《古汉语语法提要》教材，审阅青年教师的讲稿，提意见、贴浮签，给本系和外系的同学讲书、答疑。1976 年，"四人帮"被粉碎，马汉麟欢欣鼓舞，决心为祖国的科学文化教育事业再做贡献。他不顾病情严重，为教学、科研和培养师资辛勤操劳，为教研室承担编写的《古汉语虚词词典》提供了大量的资料，提出了许多建设性的意见。他自己又终日伏案读书，搜集古汉语语法例句。住院期间，床头还放着《汉书》、钢笔和笔记本。1978 年 9 月 9 日，马汉麟先生病情突然恶化，心脏停止了跳动，与世长辞，给挚爱他的亲人、朋友、学生和语言学界同人留下了深深的遗憾。①

二、《古代汉语读本》的内容及特点

（一）成书背景

1954 年至 1958 年，马汉麟在南开大学中文系讲授古代汉语课。马先生自编教材，每次上课前现发讲义。他的讲义以文选为主，通过对文选的讲解，着重分析古汉语的语法特点。课程每到一个段落，便结合文选加以总结，以便同学系统而牢固地掌握古汉语语法的基本规律。他的讲义、教学笔记、课堂总结、科研成果，综合起来，就是日后《古代汉语读本》一书的雏形。

---

① 参见游珏：《马汉麟传略》，载晋阳学刊编辑部编《中国现代社会科学家传略（第六辑）》，山西人民出版社，1985 年，第 4 页。

1958 年暑假期间，南开大学中文系在党的领导下开展群众性的科研活动，古代汉语小组由马汉麟负责，任务之一是编写一部古代汉语讲义，为大学中文系一、二年级同学初学古代汉语提供一种简明适用的读物，大学文科其他各系同学和社会一般读者也可以用来作为学习文言的参考书。经过一个月的奋战，一部新的古代汉语讲义编写完成；之后一年半的时间，在中文系助教解惠全的协助下，马汉麟对新讲义加工修改，成为一本具有新体系的《古代汉语读本》，1960 年由人民教育出版社出版。出书后，马汉麟对该书做了一些校改。1982 年，笔者根据马汉麟生前的手校本做了细心修订，语言学家邢公畹先生慨然作序，由中州书画社出版了《古代汉语读本》（修订本）。

《古代汉语读本》是马汉麟先生倾尽心血之作。该书不但来自教学实践与科学研究，成书之后仍通过教学与科研反复检验，加以修正，因此具有鲜明的科学性与实用性：在学科建设上，创立了新的古代汉语语法体系；在课程建设上，开创了高校古代汉语教学的崭新途径。

（二）内容结构和特点

《古代汉语读本》（以下简称《读本》）以文言语法的重要问题为纲，除前言和绪论外，共分为十课。每课包括语法和课文两部分，两部分有机联系，互相呼应。讲完某课的文言语法问题，再通过几篇能反映该课语法问题的课文加以印证，"讲和读结合，学和用结合，抽象的规律和具体的材料结合，前后呼应，相辅相成"①。这样安排的特点是：第一，既不是单讲一个文言语法的体系，也不是仅选注文章、做注解，因此避免了语法书的枯燥和与现代汉语语法课的重复，也避免了使语法问题零散化。第二，通

<hr>

① 参见董树人执笔"马汉麟"条目，载《中国语言学家》编写组《中国现代语言学家》（第二分册），河北人民出版社，1982 年，第 169 页。

过学习课文，可以巩固所学的文言语法知识，由感性提高到理性，并丰富古代汉语的词汇知识，提高阅读古书的能力。

具体到每课的内容，《读本》的编排也十分科学。语法部分的每个知识点中附有大量例句，在估计读者学习有困难的例句后面，都附有必要的注解或翻译。课文部分在文段后有注解和解题，注解包括词句注释、虚词用法说明和特殊句法构造分析；解题是对课文的思想内容做出分析，帮助读者理解课文。每课均配有课外练习资料和语法练习，附于书后。

本书在以下几个方面有明显的优点：

1. 语法例句和课文教材方面，"大都选自先秦两汉间及魏晋对后世'书面语言'影响较大的古籍"。对读者在"旧学"方面可起到一定的启蒙作用。接下去可精读王力先生主编的《古代汉语》。

2. 重视词汇教学，注意通过文选引导学生掌握常用词。本书虽未单设"常用词"一项，但马先生在课堂教学中"每讲一篇文章都提出几个词语专门进行分析讲解，还在他的教案上用红笔圈出若干重点词语要求学生掌握……估计有 600—700 个"[1]。

3. 重视古文今译训练。《读本》后面附有"课外练习资料"和"语法练习"各十课，在"说明"中，马先生指出，编选这些资料是希望初学古代汉语的人理论联系实际，在字典辞书的帮助下进行练习。练习题要求学习者能将各条资料（包括短文和句子）翻译成现代汉语，这是一种综合训练，也是检验教学效果的最好手段。

4. 重视古代汉语知识的全面性。1958 年，马先生主持制订了新的古代汉语课设课计划，设基础课"古代汉语"（一）（二）两门。（一）主要讲《读本》的内容，（二）主要讲音韵、文字、训

---

① 解惠全：《回忆恩师马汉麟》，载南开大学中国语言文学系古代汉语教研室编《纪念马汉麟先生论文集》，南开大学出版社，1998 年，第 13 页。

诂。《读本》编写中也体现了这一课程思想，注意融合多方面的知识。此外，马先生参加王力主编的《古代汉语》，执笔了该书的通论部分，此部分包含了与古书阅读能力相关的各类古代汉语知识，并特设"古代文化常识"四篇，内容之丰富，可视为有关传统文化的小型百科全书。

时光飞逝，马汉麟先生离开我们已经四十一年了。1993 年，由朱德熙先生编选的《马汉麟语言文字论集》出版，收录马汉麟先生语言文字方面的重要论著九篇；1998 年，马汉麟先生逝世二十周年时，南开大学中文系古代汉语教研室编纂了《纪念马汉麟先生学术论文集》。邢公畹先生说："他一生在南开大学中文系古代汉语教研室工作的时间最长，教学上和科研上的功绩都很显著。"并引用朱德熙先生的评价"汉麟为人忠厚谦逊，好学深思，治学严谨，作风踏实"，怀念马汉麟先生的学术品德。李何林先生曾说："马汉麟是匹好马。"如今，马汉麟先生一百周年诞辰之际，恰逢南开大学建校一百周年，南开大学出版社再版马汉麟先生的《古代汉语读本》，意义非同寻常。笔者作为马先生的受业弟子，感念恩师，其情难表。马先生以五十九年的短暂一生，留下了不朽的著作，在九泉之下也应是欣慰的。

2019 年 7 月

编辑附记：

在本书即将付梓之时，吴云先生于 2019 年 8 月 30 日驾鹤西去，闻之不胜悲痛。吴云先生是卓有成就的古代文学研究专家，撰著及编纂了《陶渊明论稿》《唐太宗全集校注》《古文观止注译评》《汉魏六朝小赋译注评》《历代骈文名篇注析》等。吴云先生师承马汉麟先生治学遗风，多有创获；同时，为整理和彰示马汉麟先生的古代汉语研究成果尽心奔走，情深义重，直追古人，令人感佩。在本篇导读的初稿中，吴云先生写过这样一段话："我早已进入耄耋之年，我不知此后是否有机会写这类文字，倘止于这一次，那么，敬爱的恩师，从此永别了！"历史地来看，世事无常，人宜淡然，任往事随风逝去。然而，也有些恒常不变的，是曾经感受过的心灵撞击，将永藏心底，永留痕迹。这既是马先生曾带给吴先生的，也是吴先生曾带给我们的。吴云先生千古！

2019 年 9 月 2 日

古代汉语读本

马汉麟 编著

中 州 书 画 社

内 容 提 要

　　本书是南开大学马汉麟副教授的遗著，本社重新出版，由吴云同志根据作者所遗手校本作了修订。

　　全书以古汉语语法知识为纲，精选例句、课文，分为十课。每课分语法和课文两部分，按语法编排课文，以课文印证语法，理性知识与感性知识有机联系，内容重点突出。语法例句和课文都有必要的注解，除词语的注释外，特别着重于语法的分析说明。书后附有课外练习资料和语法练习。它是大专院校文科学习古汉语的简明实用的教材和主要参考书。

古代汉语读本
（修订本）

马汉麟　编著

责任编辑　一之

中 州 书 画 社 出 版

河南第一新华印刷厂印刷

河南省新华书店发行

850×1168毫米32开本　8.25印张　175千字
1982年6月第1版　1982年6月第1次印刷
印数：1—34,900册
统一书号 9219·3　定价1.04元

序

汉麟去世已经两年多了，重检遗编，伤怀难遍。

《古代汉语读本》这部书是为初学古汉语的人编写的读物，从多年的教学实践来看，效果很好，说明是一部简明适用的教材。现在由他的学生吴云同志据汉麟所遗手校本重新修订，中州书画社也很乐意出版，嘱我在书前写几句话。

林江之祸后，古籍销亡，烈于秦火；不少青年学生已不知"旧学"为何物。这样下去，对我们建设社会主义新文化是极其不利的。这部书的语法例句和课文教材，大都选自先秦两汉、间及魏晋对后世"书面语言"影响较大的一些古籍，诸如《论语》、《孟子》、《春秋左氏传》、《史记》、《汉书》、《诗经》、《礼记》、《荀子》、《战国策》、《国语》、《墨子》、《老子》、《庄子》、《韩非子》、《吕氏春秋》、《晏子春秋》、《论衡》、《新序》、《说苑》、《世说新语》等。因此它对青年学生可以在"旧学"方面起一定的启蒙作用。接下去可以再精读王力教授主编、中华书局出版的《古代汉语》。《古代汉语》编写时分成两个小组，文选组由萧璋教授负责，常用词、通论组也是由汉麟负责的。往后可以读一读清朝张之洞撰写的《书目答问》（中华书局，1963）；更好的是有一部清朝永瑢等编撰的《四库全书总目提要》（中华书局，1965），时常翻检，这样就可以识"旧学"的大体了。然后因类求书，深入钻研，庶几得其门径。

但是，照这个路子走，文献学上的意义大于语言学上的意义，因为语言学上的语言结构的分析只能是对具体的自然语言本身的分析。古代汉语当然曾经是具体的自然语言，不过，从断代的观点来说，它已经消逝了，再也听不见了；从历史的观点来说，它已经变化了，面目全非了。那么，古代汉语的结构形式就无法研究了吗？办法是有的，但必须先解决两个问题：一个是书面语言和自然语言分家的问题，一个是"古代汉语"的"古代"概念的问题。

书面语言不论在什么时候、在什么地方都不是自然语言的全息反映，这是肯定的。但是这里头有两种情况：一种情况是，有的书面语言，读给一般人听，可以听得懂；另一种情况是，有的书面语言完全听不懂（请注意，我们使用的不是拼音文字，所以我们可以用现代音来读三代、两汉、魏晋、南北朝、唐宋文章）。我们说的书面语言和自然语言分家指的是第二种情况。这种情况的造成，一方面由于语言本身在发展变化，商不同于夏，周不同于商，先秦两汉之间又有差异；所以前朝的文字记录，到了后世未必全能看懂。另一方面是写作上的复古倾向。唐朝中叶，一反六朝骈骊之风，以三代两汉的书面语言作为写作标准，形成一种"伪古典语言"，一直使用到"五四运动"以前。这种摹拟的书面语言，离汉朝以前的"古典语"时代越远，其与"古典语"的差距就越大。这是因为，即使是摹拟的语言，作者所说的自然语言的时代和地区的特点，也会或多或少地带进这种摹拟语中来。当然，我们也要看到，从汉代到"五四运动"这个很长的历史时期中的书面语言，也并不都是"伪古典语言"，有不少作者所使用的书面语言可以看成当时自然语言的记录。所以对古代汉语的文字记录，即使是"伪古典语言"，只要弄清时代和地区，也是有语言学上的研究价值的。

什么是"古代"呢？从历史的观点来说，除现代以外的一切逆时代递嬗方向的时代延续，一直到无尽期的茫茫荒古，都是古代。从古代汉语来说，它的上限，当然只能断自文字出现的时期。从断代的观点来说，假设"现代"是一个断代单位，那么"古代"就是无数"现代"连续相加之和。这个概念可以用公式来表达。假设用"x"表示"现代"，用"n"表示"汉语书面语言"，那么x_n就是"现代汉语书面语言"；假设再用"减号"和"数字"表示逆时递嬗的次第。那么：

$$古代汉语 = x_{n-1} + x_{n-2} + x_{n-3} + \cdots + x_{n-n}$$

x_{n-n} 即无文字时期。这个公式说明：古代和现代，历时和共时都是对立着的统一体。从语言来说，现代语言里，不论在语音、词汇的体系方面还是语法结构方面，都保留了前代的因素。从现代汉语各方言区的自然语言构拟出来的古代形式，可以用相应时期的书面记录去互相印证；从这个基础上再构拟出来的更古代的形式，又可以用相应时期的更古的书面记录去互相印证。可以看出，要想进行比较语言学和历史语言学的研究，是不能缺少所谓"旧学"的知识的（当然还需要其它有亲属关系的语言的知识）。

以上所谈古汉语宜分期研究的问题，汉麟生前，我曾经跟他谈过，他是很赞同的，别的就没有来得及谈了。汉麟学有根柢，前程无限，以丁壮之年，遭林江之祸，遽尔作古，商讨无从。风雨消磨生死别，书声灯影，芳草天涯，徒增悲叹而已。是为序。

邢公畹

一九八○年十二月二十八日

前　言

编写这本书的目的，是为大学中文系一、二年级同学初学古代汉语提供一种简明适用的读物，大学文科其他各系同学和社会一般读者也可以用来作为学习文言的参考书。

在编写这本书时，我们考虑到：如果单讲一个文言语法的体系，会使读者念起来感到枯燥，而且许多问题势必会跟现代汉语语法重复；如果仅选注一些文章，作些句法、虚字的注解，又会把句法和虚字的问题弄得很零散，不易掌握。因此，我们确定这本书以文言语法里的重要问题为纲，分为十课。每课包括语法和课文两部分，这两部分有机联系，互相呼应。这样编写的目的是使读者既能及时巩固所学到的文言语法知识，又能掌握一定数量的古代常用词汇，从而提高阅读一般古书的能力。

语法例句和课文教材大部都选自先秦两汉对后世文学语言影响较大的古籍，如《论语》、《孟子》、《左传》、《史记》等书，但坚持政治标准第一，语言标准第二的原则。

为学习方便起见，语法例句估计读者自学有困难时，都附以必要的注解或译文；各条课文教材的注解，则包括词语的诠释、虚词用法的说明和特殊句法构造的分析；生字注音，汉语拼音和注音字母并用。

课文教材一般都加解题，力求运用历史唯物主义观点对课文的思想内容作出分析和必要的批判，以帮助读者正确理解课文。不过，我们希望读者注意一点：书中所选的文章大部分都是有一定进步意义的，如所选的《论语》、《孟子》的材料一般是代表了孔、孟思想中的民主性一方面的，但这并不等于说孔、孟的思想全是好的。其他各书也是一样。

本书各课均有课外练习资料和语法练习题，附于书后，供读者作练习时参考使用。

编者在编写本书时，曾广泛参考过有关文言语法的著作，并引用了其中的一些例句，在此不一一列举。但本书在文言语法某些个别问题的分析和解说上，则不求与已经出版的著作尽同。谨向有关作者表示感谢，并请读者和专家批评、指正。

编 著 者

一九六〇年一月二十日

目　　录

9

第四课

语法

课文

第五课

第七课

语法

课文

第八课

语法

课文

第九课

语法

课文

第十课

语法

课文

绪　论

一、古代汉语的概念

我们的祖国是世界上最大的国家之一，我们有占世界人口四分之一的勤劳、勇敢的人民。我国已经有将近四千年的有文字可考的历史，劳动人民在这几千年当中，创造了光辉灿烂的文化，对世界文化作出了卓越的贡献，给世界文明增添了很多光彩。

但这并不等于说我们的汉语才有将近四千年的历史。它在有文字以前很久很久就产生了，只是没有文字记载罢了。

我们所讲的古代汉语，就是中国古代汉族人民的语言。确切地说，是古代汉族人民的书面语言，也就是我们古代的"文学语言"（它包括文艺作品的语言）。平时所谓的"文言"大致就等于我们所指的古代汉语。

二、现代汉语是古代汉语的继承和发展

我们知道，语言是社会的交际工具。它是一种特殊的社会现象，它具有全民性。也正因为这个本质的特点，语言才有存在的价值。社会在不停地发展，语言就不可能不发展。因此语言"是许多时代的产物，在这许多时代中，它形成起来、丰富起来、发展起来、精炼起来。"① 语言是一个历史范畴。

---

① 斯大林：《马克思主义与语言学问题》，人民出版社1955年版，第5页。

17

不过语言的发展与上层建筑不同，它"从旧的质到新的质的转变不是经过爆发，不是经过消灭现存的语言和创造新的语言，而是经过新质的要素的逐渐积累，也就是经过旧质要素的逐渐衰亡来实现的。"① 这是由于语言的本质特点所决定的。因此，任何一种语言都是古代语言的继承和发展。

下面我们从语音、词汇和语法三个方面，各举一些例子来比较一下古今汉语的异同。

第一，语音：古今语音的变化是比较大的，但是它是按照一定的系统有规律地演变的。我们可以用唐人崔颢的《长干行》二首来说明这个问题：

　　（一）君家何处住？妾住在横塘。停船暂借问，或恐是同乡。

　　（二）家临九江水，来去九江侧。同是长干人，生小不相识。

第一首的"塘"和"乡"押韵，第二首的"侧"和"识"押韵。这四个字在唐代的读音和现代的读音，尽管差别很大，但是"塘""乡"在一千多年前是押韵的，演变到今天仍然押韵。"侧"和"识"在现在北京音里是不押韵的，"侧"的韵母是"e"，"识"的韵母是"ｉ"（舌尖后元音），这是因为这两个字是古代的入声字，而现在北京音里的入声已经消失了。不过，在现代的某些方言里，这两个字仍是押韵的。

第二，词汇：从汉语有了文字的记载到现在已经几千年了，有许多古词汇一直沿用到今天。例如：

---

① 同上书，第26页。

　　（一）入其疆，土地荒芜。（《孟子·告子下》）

　　（二）我虽不敏，请尝试之。（《孟子·梁惠王上》）

　　（三）民非水火不生活。（《孟子·尽心上》）

　　（四）城北徐公，齐国之美丽者也。（《战国策·齐策》）

　　（五）人民多文綵布帛鱼盐。（《史记·货殖列传》）

以上五例中双音词"土地"（名词），"尝试"、"生活"（动词），"荒芜"、"美丽"（形容词），单音词"水"、"火"、"城"、"鱼"、"盐"、"北"（名词），"入"（动词），"多"（形容词），"我"（代词），"不"（副词），以及"非……不……"等。在意思和用法上，都和现代汉语一样。这样的例子是举不胜举的。

　　当然，古今汉语的词汇的变化还是较大的，有一些古代的词汇后来消亡了。例如：

　　（一）其人天且劓。（《周易·睽》）——"天"和"劓"（yì）都是古代的刑罚，"天"是划破犯罪人的前额，然后涂上墨。"劓"是削去犯人的鼻子。

　　（二）平原君负韊矢为公子先引。（《史记·魏公子列传》）——"韊"（lán，ㄌㄢ），盛弓箭的器具。

　　（三）"不穀即位，于今五年。"（《左传·襄公十三年》）——"不穀"，本意是"不善"，古代君王的自称。

以上三例中的"天"、"劓"、"韊"、"不穀"，在现代汉语里都已经不存在了，这是因为它们所表示的事物已经随着社会的发展而消亡了。

　　还有一些词，古代的和现代的意义不同，甚至完全相反，例如：

（一）匈奴便持单于一信到国。（《汉书·西域传》）——"信"，证明文件。"国"，都城。

（二）自可断来信，徐徐更谓之。（《孔雀东南飞》）——"信"，使者，在这里指媒人。

（三）秦之西，有仪渠之国者，其亲戚死，聚柴薪而焚之，熏上谓之登遐，然后成为孝子。（《墨子·节葬下》）——"亲戚"，这里的意思是"父母"。"熏"（xūn，ㄒㄩㄣ），烟。"登遐"，意思是人死后灵魂上天。"遐"（jiǎ，ㄐㄧㄚˇ）。

（四）何必去父母之邦？（《论语·微子》）——"去"，离开。

（五）浔阳仅四千，始行七十里，人烦马蹄跙，劳苦已如此。（白居易：《初出蓝田路作》）——"仅"，在现代汉语里表示少，是"只"的意思；而在古代汉语里恰恰相反，"仅"表示多，是"将近"的意思。

古今汉语词汇的变化，在虚词方面表现得尤为突出，一翻开古书，就可以看到许多"之"、"乎"、"者"、"也"……而现代汉语里却很少用这些。在教材的各课里，我们都要跟现代汉语比照着介绍一些古代汉语的虚词，这里就不再举例。

第三，语法：古今汉语的语法基本上是相同的，但也有不同的地方。我们这门课就准备着重讲授那些跟现代汉语不同的语法问题。在这里只举两个例子来比较一下。

（一）河杀我？不我杀？《殷虚文字乙编5406》。例中"河"是指"黄河"，"杀"有"危害"的意思。"河杀我"这句话里三个词的次序和现在的说法完全相同，"不我杀"，按现在的说法应该是"不杀我"（不危害我），"杀"和"我"

在句里的次序的不同，就是古今汉语语法不同的一种表现形式。

（二）廉颇者，赵之良将也。（《史记·廉颇蔺相如列传》）

例中的"者"字没有实际意义，只是在这里表示停顿。"赵之良将"就是"赵国的杰出的大将"，"也"是语气词。这句话按现在的说法应该是"廉颇是赵国的杰出的大将"。这样一比较就可看出：在"廉颇"和"赵之良将"之间，古代不用"是"，而现代一定得用"是"。在某些情况下，这个位置上也可以用一个"为"字。例如：

（三）"彼来者为谁？"（《史记·范睢蔡泽列传》）

这句话的意思是"那个来的人是谁"。不过，例（二）的"廉颇"和"赵之良将"之间，在古代是无论如何不能加"为"的。

从上面的例子看来，不管是在语音方面，还是在词汇、语法方面，古今汉语都是有着密切联系的，现代汉语就是在继承古代汉语的基础上逐渐发展形成的。

三、学习古代汉语的目的

我国是一个历史悠久的文明古国。几千年来，劳动人民创造了独放异彩的灿烂的文化。党教导我们，批判地接受古代优秀的文化遗产是丰富和发扬社会主义的新文化所必需的。古代汉语在记录、传播古代文化上作了光辉的贡献，很多宝贵的文化遗产是由古代汉语记载下来，流传至今的。我们要继承古代优秀的文化遗产，就必须学习古代汉语，初步了解古代汉语的基本知识，掌握基本语法规律，使它成为学习、继承古代文化遗产的有力工具。同时，学习古代汉语，可以吸收古人语言中有生命的东西，充分地合理地利用它；还可以概括了解古今汉语的异同，初步了解汉语发展的规律。

四、本课程选择教材和组织教材的原则

选择教材，我们坚持了政治标准第一，语言标准第二的原则。由于历史的局限，许多古典作品的思想内容都或多或少地带有封建色彩。这就要求教师坚决站在无产阶级立场，用历史观点全面分析，免得同学受到封建思想的毒害。

本课程的教科书，以文言语法为纲，将文言语法分成若干课，每课要有几篇能反映该课所讲语法问题的课文，以及时巩固学生所学到的语法知识，并丰富学生古代汉语的词汇知识。

五、本课程的学习方法

（1）语言现象是复杂的，尤其是古代汉语，它已远离我们的生活，学习中的困难是在所难免的。同学们上课前要预习教材，先有一个初步概念，听讲时不致感到陌生。上课时要专心听讲，下课后要及时复习，以巩固记忆。

（2）尽管语言现象是复杂的，但总是有规律的，同学们在讲授到一定阶段后，应作阶段总复习，归纳这一阶段所学得的语言规律，使语法知识由感性提高到理性，知其然，也知其所以然。

（3）要重视课堂实习和课外练习，充分利用本课的自学时间，仔细阅读课外阅读资料，使理论与实际密切结合，才能学以致用。

（4）为了牢固地掌握古代汉语常用词汇，提高阅读古书的能力，要求同学们背诵一些古典优秀作品。

第 一 课

语 法

1 词

2 实词和虚词

3 兼词

4 判断句

5 主语和谓语之间加"之"字取消句子独立性

1 词

词是用来造句的最小的意义单位。它可以 是 一 个 字，如："冠"、"履"。这叫单音词。也可以由两个字组成，如："边疆"、"罔两"（水神）。这叫双音词。也可以由三个字组成，如："主人翁"。这叫三音词。双音词和三音词，有人叫做多音词。

在古代汉语中，单音词较多，双音词较少，三音 词 就 更 少了。

2 实词和虚词

根据词的意义和造句功能，可以把词分为很多类，归纳起来可分为两大类，即实词和虚词。

一、实词 有实际意义的词叫实词。实词又分为名词、动词、形容词、数量词等四种。

（1）名词 名词是表示人或者事物名称的词。例如：

（一）齐崔杼帅师伐我北鄙。（《穀梁传·襄公二十五年》）

——齐国的崔杼(zhù, ㄓㄨˋ)率领着军队来攻打我们北部的边邑。

（二）赵王岂以一璧之故欺秦邪？（《史记·廉颇蔺相如列传》）——我们赵王难道因为一块璧的原故来欺骗秦国吗？

上列各例中加着重号的都是名词。

（2）动词　动词是表示行动或者变化的词。例如：

（一）其后秦伐赵，拔石城。（《史记·廉颇蔺相如列传》）——此后秦国攻打赵国，打下了石城。

（二）是时，彭越渡河击楚东阿，杀楚将军薛公。（《史记·项羽本记》）——"是时"，这个时候。"河"，黄河。

（三）李归等死。（《史记·陈涉世家》）

上列各例中加着重号的都是动词。

（3）形容词　形容词是表示性质或者状态的词。例如：

（一）赦小过，举贤才。（《论语·子路》）——"赦"，宽赦，不计较。"举"，举用。

（二）道远险狭，难救。（《史记·廉颇蔺相如列传》）

（三）赵王以为然。（《史记·陈涉世家》）——"然"，对。

上列各例中加着重号的都是形容词。

（4）数量词　数量词是表示事物或者行动的数量的。例如：

（一）汉发车二万乘。（《史记·汲郑列传》）

（二）夫虞卿蹑屩担簦，一见赵王，赐白璧一双，黄金百镒。（《史记·范睢蔡泽列传》）——"蹑"(niè, ㄋㄧㄝˋ)，穿鞋。"屩"(qiāo, ㄑㄧㄠ)，草鞋。"簦"(dēng, ㄉㄥ)，古代的一种有柄的笠，和现在的雨伞相似。"镒"，量词，二十四两为一镒。

24

（三）汉有善骑射者楼烦，楚挑战三合，楼烦辄射杀之。（《史记·项羽本记》）——"楼烦"，汉时北族之一，其人善于骑射。"三合"，交锋三个回合。"辄"（zhé，ㄓㄜˊ），每每，总是。

上列各例中加着重号的都是数词，加 △ 号的是量词。

二、虚词　没有实际意义，只起语法作用的词叫虚词。虚词又分代词、副词、介词、连词、助词、语气词和叹词等七种。

（1）代词　代词是代替名词的词，有时也可以代替动词或者形容词。代词的作用在于行文时避免相同词语的重复出现，以求得文章的简洁。

代词可以分为三身代词、指示代词、疑问代词等等。例如：

（一）（阳货）谓孔子曰："来！予与尔言。"（《论语·阳货》）

（二）伯牛有疾，子问之（《论语·雍也》）——"问"，探问。

例（一）的"予"是第一身代词，阳货自称；"尔"是第二身代词，称代"孔子"；例（二）的"之"是第三身代词，称代"伯牛"。

（三）孟子曰："春秋无义战，彼善于此则有之矣。"（《孟子·尽心下》）——春秋时代没有正义的战争，那一次战争比这一次战争好一些的倒是有。

（四）以不教民战，是谓弃之。（《论语·子路》）——用没有经过训练的人民去打仗，这叫做抛弃人民。

例（三）的"彼"和"此"都是指示代词指代"战"；例（四）的"是"也是指示代词，指代"以不教民战"这件事。

（五）子张曰："子夏云何？"（《论语·子张》）——子张问道："子夏说了些什么？"

（六）子曰："谁能出不由户？何莫由斯道也？"（《论语·雍也》）——"由"，经过。"斯道"，这条道路，在这儿是指儒家所提倡的"仁义之道"。孔子说："谁能够出入不经过门户呢？为什么没有人通过这条仁义之路呢？"

（七）或问乎曾西曰："吾子与子路孰贤？"（《孟子·公孙丑上》）——"乎"同"于"，在这儿当"问"讲。"吾子"，你。有人向曾西问道："你跟子路比起来谁贤德呢？"
例（五）的"何"（问事），例（六）的"谁"（问人），例（七）的"孰"（问人，一般用于选择问）都是疑问代词。又例（六）的"莫"是无指代词，当"没有人"讲；例（七）的"或"是虚指代词，当"有人"讲。

（2）副词　副词是用来修饰动词或者形容词的。它表示程度、范围、时间、否定等意义。例如：

（一）武安日益横。（《史记·魏其武安侯列传》）——"横"（hèng，ㄏㄥˋ），骄横。武安侯一天天地更加骄横起来。

（二）寡人非能好先王之乐也，直好世俗之乐耳！（《孟子·梁惠王下》）——"寡人"，古代诸侯自己的谦称，可译为"我"。"直"，只。我并不能喜好古代先王的音乐，只是喜好世俗的音乐罢了。

（三）事已解。（《史记·魏其武安侯列传》）

（四）赵壮者尽于长平，其孤未壮。（《史记·廉颇蔺相如列传》）——赵国的壮年人都死在长平了，他们的孤儿还没有长大。

例（一）的"益"表示程度，例（二）的"直"表示范围，例（三）的"已"表示时间，例（四）的"未"表示否定，都是副词。

（3）介词 介词一般用来介绍名词或代词给句中的动词，以表示处所、时间、工具、原因等意义关系。常用的介词有"于"、"以"、"为"、"与"等。例如：

（一）季氏旅于泰山。（《论语·八佾》——"旅"，祭山叫旅。

（二）繁启蕃长于春夏，畜积收藏于秋冬，是又禹桀之所同也。（《荀子·天论》）——"繁"，繁殖。"启"，开花。"蕃"，茂盛。"长"，成长。"臧"，同藏。

（三）君子以钟鼓道志，以琴瑟乐心。（《荀子·乐论》）——"钟"、"鼓"、"琴"、"瑟"（sè，ㄙㄜˋ）都是古代的乐器。君子用钟鼓表达心意，用琴瑟娱乐心情。

（四）汉卒十余万人皆入睢水，睢水为之不流。（《史记·项羽本记》）——汉兵十几万人都掉进睢水里去，睢水因为这个不能畅流了。

（五）公子与魏王博。（《史记·魏公子列传》）——"博"，下棋。

例一的"于"介绍表示处所的名词"泰山"，例（二）的"于"介绍表示时间的名词"春"、"夏"、"秋"、"冬"，例（三）的"以"介绍表示工具的名词"钟"、"鼓"、"琴"、"瑟"，例（四）的"为"介绍表示原因的代词"之"，指代上文"十万余人皆入睢水"。例（五）的"与"，介绍表示对象的名词"魏王"。

（4）连词 连词是连接词与词、句与句的词。当然也可以连

接词组。常用的连词有"与"、"而"、"以"、"则"、"虽
……然……"等等。

连词"与"的基本功能是连接名词或代词，当"和"讲。例
如：

（一）今由与求也相夫子，远人不服而不能来也。（《论
语·季氏》）——"相"，帮助。现在仲由和冉求帮助季孙，远
人不归服，却又不能使他们来归。

（二）吾与若知之，彼与彼不知也。（《庄子·知北游》）
——"若"，你。"之"指代一种道理。我和你知道那个道理，
他和他不知道。

例（一）的"与"字连接"由"和"求"两个名词。例（二）的
两个"与"字分别连接两个代词"吾""若"、"彼""彼"。

连词"而"的基本功能是连接动词或形容词。例如：

（一）髡辞而行，至赵。（《史记·滑稽列传》）——
"髡"(kūn，ㄎㄨㄣ)。淳于髡〔向齐威王〕辞别后就走了，到了赵国。
这句话里的"辞"和"行"是动词，中间用"而"字连接，"而"
字前后的两个动词，表示一先一后的动作行为，可以译为"就"。

（二）童子曰："华而睆，大夫之箦与？"（《礼记·檀
弓上》）——"睆"(huǎn，ㄏㄨㄢˇ)，光滑。"箦"(zé，ㄗㄜˊ)，床蓆。
童子说："美好而且光滑，是大夫的床蓆吧？"
这句话里的"华"和"睆"是形容词，中间用"而"字连接，"而"
字前后的两个形容词表示并列的两种性质，可以译为"而且"。

（三）吾岂匏瓜也哉？焉能系而不食？（《论语·阳货》）
——我难道是个匏瓜吗？哪儿能悬挂在那里〔让人看着〕，却不
吃掉呢？

28

这句话里的"系"和〔不〕食"是动词,中间用'而'字连接。"而"字前后两项在意思上有转折,可以译为"却"。

连词"以"的基本功能和"而"字差不多,不过它所连接的前后两项在意思上绝对没有转折关系。现在只介绍一下"以"字所连接的前后两项有目的关系和结果关系的。例如:

(一)子夏曰:"百工居肆以成其事,君子学以致其道。"(《论语·述而》)——"肆",作坊。子夏说:"各种工匠住在作坊里来完成他们的工作,君子学习来求得那个真理。"

(二)当此时,诸郡县苦秦吏者,皆刑其长吏,杀之以应陈涉。(《史记·陈涉世家》)——"苦",厌。"刑其长吏",**揭露**当地长官的罪状。

例(一)的第一个"以"字连接动词"居〔肆〕"和"成〔其事〕","成其事"是"居肆"的目的。第二个"以"字的用法与此相同。例(二)的"以"字连接动词"杀〔之〕"和"应〔陈涉〕","应陈涉"是"杀之"的目的。"之"指代"长吏"。

(三)发奋忘食,乐以忘忧。(《论语·述而》)——发奋用功忘记了吃饭,快乐以致忘记了忧愁。

(四)昔秦缪公不从百里奚、蹇叔之言,以败其师。(《汉书·息夫弓传》)——"昔",从前。"蹇"(jiǎn,ㄐㄧㄢˇ)。

例(三)的"以"连接形容词"乐"和动词"忘〔忧〕","忘忧"是"乐"的结果。例(四)的"以"连接动词"〔不〕从〔百里奚、蹇叔之言〕"和"败〔其师〕","败其师"是"不从百里奚、蹇叔之言"的结果。

连词"则"的基本功能也是连接动词或形容词,一般可以译为"就"。它和"而"字不同的是"则"字所连接的前后两项一般具有因果（或条件）关系。例如：

（一）思则得之，不思则不得也。（《孟子·告子上》）这句话里的"思"和"得"是动词。中间用"则"字连接，"则"字前面的一项是原因（或条件），后面的一项是结果（或后果）。可以译为"就"。

（二）恭则不侮，宽则得众。（《论语·阳货》）——〔对人〕恭敬就不会受到欺侮，〔对人〕宽厚就能得到大众的拥护。
"恭"是形容词，"〔不〕侮"是动词，"宽"是形容词，"得〔众〕"是动词，中间都用"则"字连接，"则"字前面的一项是条件，后面的一项是后果。也可以译为"就"。

连词"虽……然……"是用来连接句子的，它们分别用在两个小句里，以表示一种让步的关系。例如：

（一）荆轲虽游于酒人乎，然其为人深沉好书。（《史记·刺客列传》）——荆轲虽然跟那班酒徒混在一起，但是他这个人稳重深沉喜欢读书。
这句话里的"虽""然"连接两个小句子，前后呼应，表示一种让步的关系。类似这样的连接词还有一些　以后在课文中还可以见到。

（5）助词　助词是古代汉语里的一种特殊的虚词，它的用途是多方面的。就以"之"字而论，它有时用来作为句子里某一个成分的标志，有时用来凑足一句话的音节。例如：

（一）以子之矛，陷子之盾，何如？（《韩非子·难一》）——"陷"，穿。"何如"，怎么样 。

30

这句话里的两个"之"字都是一种标志，它标志"子"是用来修饰"矛"和"盾"的，这两个"之"字相当于现代汉语的"的"。

（二）侯生曰："公子勉之矣！老臣不能从。"（《史记·魏公子列传》）

这句话里的"之"字就是用来凑足一个音节的，单说"公子勉矣"站不住。

作为助词的"之"还有别的用法；古代汉语里的助词也不只是一个"之"字，这些在以后各课里还要分别讨论。

（6）语气词　语气词是用来表示句子的语气的。例如：

（一）子路问曰："子见夫子乎？"（《论语·微子》）

（二）天乎！吾无罪！《史记·秦始皇本纪》）

（三）巴、蜀亦关中地也。（《史记·项羽本纪》）

（四）项籍者，下相人也，字羽。（《史记·项羽本纪》）

例（一）的"乎"表示疑问，例（二）的"乎"表示感叹，例（三）的"也"表示陈述，例（四）的"者"表示提顿。

（7）叹词　叹词是独立在句子之外表示感叹的词，没有实际的意思，也没有造句的功能。叹词都是象征感叹声音的。例如：

（一）从者曰："嘻！速驾！"《左传·定公八年》）——跟从的人说："喂！赶快驾车！"

（二）颜渊死。子曰："噫！天丧予！天丧予！"（《论语·先进》）

（三）陈涉太息曰："嗟呼！燕雀安知鸿鹄之志哉！"（《史记·陈涉世家》）——"太息"，长叹。

3 兼词

在古代汉语中有为数不多的字代表了两个词的结合，这个字兼有互相结合的两个词的意思和作用，我们管它叫兼词。它的读音一般也就是这两个词的声音的拼合。

（一）阳货欲见孔子，孔子不见。归孔子豚。孔子时其亡也，而往拜之。遇诸涂。（《论语·阳货》）——"归"，就是"馈"，赠送。"时"，当"伺"讲，侦候观察的意思。"亡"，出外。"涂"，途。

这句话里的"诸"字就是兼词，它是"之""于"的合音。其中隐含的"之"是代词，指代"阳货"；隐含的"于"是介词，当"在"讲。

（二）文王之囿，方七十里，有诸？（《孟子·梁惠王下》）——"囿"（yǒu，丨ㄡˇ），养禽兽的园地。"方七十里"，长宽各七十里。

这句话里的"诸"也是兼词，它是"之""乎"的合音。其中隐含的"之"是代词，指代上文"文王之囿，方七十里"这件事，隐含的"乎"是表示疑问的语气词。

（三）子曰："爱之，能勿劳乎？忠焉，能勿诲乎？"（《论语·宪问》）——孔子说："爱他，能够不锻炼他吗？对他忠实，能够不教育他吗？"

"忠焉"，即"忠于之"，其中隐含的"于"是介词，当"对""向"讲；隐含的"之"是第三身代词。但是这个"焉"字，不是"于"和"之"两个词的声音的拼合。

非合音的兼词，古代汉语中非常少见。

4 判断句

在汉语里，有一类句子的谓语是由名词（或名词性词组）来充当的，这类句子叫做名词谓语句；就其内容来说，这类句子的主语和谓语构成了一个判断，所以又叫做判断句。

下面我们就肯定的判断句和否定的判断句来分别加以讨论。

一、肯定的判断句　在先秦的汉语里，肯定的判断句主语和谓语之间不用系词"是"。例如：

（一）周公，弟也；管叔，兄也。（《孟子·公孙丑下》）

（二）不穀之国家，蠡之国家也。（《国语·越语下》）
——"不穀"，古代国君自己的谦称。"蠡"（lí，ㄌㄧˊ），范蠡，春秋时代越国的大夫。

上列各例的主语和谓语之间都没有用系词"是"。如果把它们译成现代汉语，系词"是"是不可少的。比方说"周公是弟弟"，"管叔是哥哥"。句尾的"也"字是语气词，不必翻译。

肯定的判断句的主语的后面，常用语气词"者"字提顿，谓语的后面常用语气词"也"字结尾。例如：

（一）庠者，养也；校者，教也；序者，射也。（《孟子·滕文公上》）——"庠"（xiáng，ㄒㄧㄤˊ）、"校"、"序"，都是古代的学校。

（二）陈胜者，阳城人也。（《史记·陈涉世家》）

（三）虞卿者，游说之士也。（《史记·平原君虞卿列传》）
——"说"（shuì，ㄕㄨㄟˋ）。

例（一）里的三个判断句的谓语是注释主语的；例（二）、例（三）这种内容的判断句常常出现在传记文里。

作为系词的"是"字在汉代的作品里已经见到。例如：

（一）襄子曰："此必是豫让也。"（《史记·刺客列传》）

（二）风伯、雨师、雷公是群神也。（《论衡·祀义》）

二、否定的判断句　在古代汉语里，否定的判断句的主语和谓语之间一定用"非"字。例如：

（一）鬼非人也。（《墨子·大取》）

（二）此非君子之言。《孟子·万章上》）

上列二例的主语和谓语之间都用了"非"字，以构成否定的判断，这种用法的"非"字可以译成现代汉语的"不是"。

5 主语和谓语之间加"之"字取消句子独立性

古代汉语里，常常会遇到这样一种句法，就是在一个句子的主语和谓语之间加一个助词"之"，这个"之"字是用来取消句子的独立性的。所谓取消句子的独立性，就是说要使这个句子不能再独立存在，必须依赖上下文才能站得住。采用这样的句法，有下面几种作用：

第一，这种句法用在复合句的第一个分句里，使听者或读者等待下文。例如：

（一）虢射曰："皮之不存，毛将安傅？"（《左传·僖公十四年》）——"虢"（guó，ㄍㄨㄛˊ）。"傅"，同"附"。

（二）古人有言曰："虽鞭之长，不及马腹。"（《左传·宣公十五年》）——古时候的人说过："即使鞭子长，也够不着马肚子。"

例（一）的"皮不存"本是一个独立而完整的句子，在主语"皮"和谓语"不存"之间加上一个"之"字，就站不住脚了，这个"之"字是助词，没有什么实际意义，它的作用就是取消"皮不存"这个句子的独立性，让读者或听者等待下文——"毛将安傅"。例（二）的"鞭之长"的"之"字用法相同。

有时在第一分句的主语和谓语之间加"之"字，还有表示时间的作用。例如：

（三）观起之死也，其子从在蔡，事朝吴。（《左传·昭公十三年》）——"事"，事奉。

（四）子产之从政也，择能而使之。（《左传·襄公三十一年》）——"从政"，管理政治。

例（三）的"观起之死也"的"之"字加在主语和谓语之间，不但取消这个句子的独立性，使读者或听者等待下文，而且还有表示时间的作用。"观起之死也"意思就是"观起死的时候"。这里的"也"字是表示停顿的语气词。例（四）的"子产之从政也"的"之"字用法相同。

第二，在主语和谓语间加"之"取消句子的独立性，来充当另一个大句的主语或宾语。例如：

（一）我之取天下可以百全。（《史记·黥布列传》）——"百全"，万无一失，有绝对的把握。

（二）舜之饭糗茹草也，若将终身焉。（《孟子·尽心下》）——"糗"（qiǔ，ㄑ丨ㄡˇ），干粮，炒麦面。"茹"，吃。"草"，野菜。

例（一）的"我取天下"本是一个独立而完整的句子，因为它充当了例（一）全句的主语，所以在它的主语和谓语之间加"之"字，取消它的独立性。例（一）的全句的谓语是"可以百全"。例（二）的"舜之饭糗茹草也"的"之"字用法相同。

（三）民惟恐王之不好勇也。（《孟子·梁惠王下》）

（四）诸侯见齐之罢弊，君臣之不和也，兴兵而伐齐，大破之。（《史记·范雎蔡泽列传》）——"罢弊"，疲愈困顿。"罢"（pí，ㄆㄧˊ）同"疲"。

例（三）的"王不好勇"本是一个独立而完整的句子，因为它充当了动词"恐"的宾语，所以在它的主语和谓语之间加"之"字，取消它的独立性。例（三）全句的主语是"民"。例（四）的"齐罢弊"、"君臣不和"本来都是独立而完整的句子，因它们都充当了动词"见"的宾语，所以在它们的主语和谓语之间分别加"之"字，取消它们的独立性。例（四）全句的主语是"诸侯"。

（五）夫子之在此也，犹燕之巢于幕上。（《左传·襄公二十九年》）——你在这里，就如同燕子在帐幕上做巢一样危险。

"夫子在此"充当了全句的主语，"燕巢于幕上"充当了动词"犹"的宾语。因此分别在这两个小句的主语和谓语之间加"之"，取消它们的独立性。

以上所讨论的在主语和谓语之间加"之"字取消句子独立性的句法，其主语都是名词。假如这个名词已经在上文出现，就常常用一个代词"其"字来代替它。在古代汉语里，作为代词的"其"字，它代替一个名词，并隐含着一个"之"字，"其"字所隐含的"之"字也是用来取消句子独立性的。例如：

（六）阳货瞰孔子之亡也，而馈孔子蒸豚；孔子亦瞰其亡也而往拜之。（《孟子·滕文公下》）——"瞰"（kàn，ㄎㄢ），视，瞧。

（七）子谓颜渊曰："惜乎！吾见其进也，未见其止也。"（《论语·子罕》）——〔颜渊死了以后〕孔子评论颜渊说："他死了可惜呀！我只看见他前进，从没看见过他停步不前。"

例（六）"孔子亦瞰其亡也"的"其"字指代上文的"阳货"，

并隐含着一个"之"字，这个隐含的"之"字是用来取消句子独
立性的。这句话就等于说"孔子亦矙阳货之亡也"，和上文的
"阳货矙孔子之亡也"的句法相同。例（七）的两个"其"字都
是指代"颜渊"，并隐含一个"之"字，其用法与例（六）相
同。

课　文

1.子①温而厉②，威而不猛③，恭安而④。(《论语·述而》)

【注解】

① "子"是古代男子的美称。有学问有道德的人称"子"，如老子、孔子；有官爵的人一般也称"子"，如：季文子、季康子。《论语》里单称"子"的场合一般都是指孔子。孔子，名丘，字仲尼，春秋鲁国人，他是我国古代的一位伟大的政治家、思想家、教育家。他所创立的儒家学说，成了后代封建统治阶级用来维护本阶级利益的有力工具。

② "温而厉"，温和却严厉。

③ "威而不猛"，威严却不凶猛。

④ "恭而安"，恭敬却安适。

注意：这一节课文是《论语·述而》篇里的一章。它是由"子温而厉"、"威而不猛"、"恭而安"三个小句组成的复句。第一小句的主语是"子"，谓语是"温而厉"，第二、三两小句的主语也是"子"，承接上文省略了。连词"而"字分别连接"温"和"厉"、"威"和"不猛"、"恭"和"安"。"而"字所连接的前后两项，在意思上有转折关系，可译为现代汉语的"却"或者"可是"。

【解题】

这一章记载了孔子平素的性格、作风和态度。可以看出孔子门人对孔子的崇敬。

2.子曰："学而不思则罔①，思而不学则殆②。"(《论语·为政》)

【注解】

① "罔"，迷罔，蒙蔽。

38

②"殆"，疑惑。

注意："学而不思则罔，思而不学则殆"这两句是无主语句，因为这两句话对任何人来说，都是有意义的，所以主语无须说出来。连词"则"字分别连接"学而不思"和"罔"、"思而不学"和"殆"。"则"字所连接的前后两项有因果（或条件）关系，"则"字的前项是原因（或条件），"则"字的后项是后果。

【解题】

孔子正确地指出学习和思考的关系，光学习不思考，光思考不学习，后果都不好。应该把学习和思考结合起来。但是，孔子没有能指出实践对于学习和思考的重大作用。

3.子曰："孰谓微生高直①？或乞醯焉②，乞诸其邻而与之③。"（《论语·公冶长》）

【注解】

①微生高，据《庄子》、《战国策》等书记载，有尾生高守信的故事。"微"和"尾"古音相近，因此很多人认为微生高就是尾生高。"谓"，说，认为。"直"，直爽。

②"或"，有人。是古代汉语里的虚指代词。"乞"，要，索取。"醯"（xī，ㄒㄧ），醋。"焉"是兼词，在这儿等于"于之"，其中隐含的"于"，当"向"讲，其中隐含的"之"字指代微生高。

③"诸"，是兼词，在这儿等于"之于"，其中隐含的"之"字指代上文的"醯"；其中隐含的"于"字当"向"讲。"其"，他的。在古代汉语里，代词"其"字代替一个名词加上一个"之"字，因此这儿"其邻"的意思是"微生高之邻"。"而"连接"乞诸其邻"和"与之"这两个同属一个主动者（微生高）的在时间上一先一后的动作行为。这种用法的"而"字有时可以译为现代的"就"，有时也可以不必译出。"与"，给予。这儿的"之"字指代乞醯的人。

4.季康子问政于孔子①。孔子对②曰："政者，正也③。子帅以正④，孰敢不正？"（《论语·颜渊》）

【注解】

①季康子，姓季孙氏，名肥，康乃谥名，是春秋时鲁国的大夫。"政"，政治。这儿的"于"字是介词，当"向"讲。

②"对"，动词，当"答"讲。

③"政者，正也"，这是一个肯定的判断句，主语和谓语中间不用系词"是"。主语"政"的后面用语气词"者"字提顿，谓语"正"的后面用语气词"也"字结尾。谓语"正"当"端正"讲，是注释主语"政"的。

④"子帅以正"，这儿的"子"字是表示尊敬的第二身代词，跟现代汉语的"您"相当。"帅"，动词，这儿当"带头"讲。这儿的"以"字是连词，用在"帅"和"正"这两个成分之间，起过渡作用，没有实际意义。这句话的意思是"您带头端正〔自己〕"。

【解题】

这是孔子对"政"的解释。孔子认为如果统治阶级用自己的模范行动来影响手下的人，政治就会好起来。从这里也可以看出当时的统治者在孔子的心目中是不"正"的。

5.子曰："由①，诲女知之乎②！知之为知之，不知为不知③；是知也④。"（《论语·为政》）

【注解】

①由，姓仲，名由，字子路，是孔子的学生。

②"诲女知之乎"，"诲"，教导。这个"知"（zhì，ㄓ），当"记住"讲。跟下文当"知道"讲的五个"知"（zhī，ㄓ）不同。"之"指下文"知之为知之，不知为不知"。"乎"，这儿是表示劝勉语气的语气词。

③"知之为知之，不知为不知"这两句话里的"为"字是系词，又：这儿的两个"之"字，泛指"知"的对象，现代汉语根本没有和这种用法的"之"字相当的字眼，就是在古代汉语里也是可用可不用的，用和不用，大约与字数成单成双有关，"不知"的后头就没有用。

④"是知也"，这句话译成现代汉语就是"这〔是〕知啊"。原句不用系词"是"，这是肯定的判断句。

【解题】

孔子教导他的学生要以老老实实的态度去对待知识：知道就是知道，

不知道就是不知道，不要不懂装懂。这是治学的很好的格言。

6.子曰："回也①，非②助我者也，于③吾言无所不说。"（《论语·先进》）

【注解】

①回，姓颜，字子渊，亦称颜渊，是孔子的学生。

②"非"，当"不是"讲。古代汉语中用于谓语的前面构成否定的判断句。

③"于"，对于。"无所不说"，没有不喜欢的。"说"（yuè，ㄩㄝˋ），同"悦"，高兴，喜欢。

【解题】

颜回是孔子的得意门生，他对孔子的言论都表示欢喜，不加反对，孔子却认为这样对自己没有帮助，因此孔子批评了颜回。孔子认为先生讲的不一定全对，学生可以向先生提出不同意见，学生可以帮助先生。孔子对师生关系的这种看法是对的，应该肯定。

7.人有亡铁者①，意②其邻之子，视其行步③，窃铁也；颜色，窃铁也；言语，窃铁也④；动作态度，无为而不窃铁也⑤。抇其谷⑥而得铁。他日复见其邻之子，动作态度无似窃铁者。其邻之子非变也，己则变矣。变也者无他⑦，有所尤⑧也。（《吕氏春秋·去尤》）

【注解】

①"人有亡铁者"，这句话"有"字前面的成份"人"和"有"字后面的成份"亡铁者"之间，有全体和部分的关系，在"有"字前可以加"之中"来理解。"亡铁"，丢了斧子。"铁"（fū，ㄈㄨ）。

②"意"，怀疑。

③"行步"，走路的步伐。

④"视其行步，窃铁也"；"颜色，窃铁也"；"言语，窃铁也"；都是判断句，中间不用系词"是"。这种判断句在字面上，似乎主语和谓语不

41

能构成判断。但它所表达的意思很清楚，语言很精炼。

⑤ "无为而不窃铁也"，没有一样不象偷斧子的。

⑥ "扣"（gǔ，《ㄍㄨˇ），当"掘"讲。"谷"，坑。

⑦ "他"，别的，这是古代汉语中的旁指代词。

⑧ "尤"（yǒu，丨ㄡˇ），蒙蔽。

【解题】

这段故事有力地讽刺了主观唯心主义者。主观唯心主义者不从实际出发，不肯调查研究，只凭个人的主观臆想下判断，其结果必然会犯严重的错误。

8．季康子患盗①，问于孔子。孔子对曰："苟子之不欲，虽赏之不窃③。"（《论语·颜渊》）

【注解】

① "患"，忧虑。

② "苟"，如果，这是古代汉语里表示假设关系的连词。"不欲"，不贪求财货。

③ "虽"，即使，这是古代汉语表示让步关系的连词。"之"，指代"盗"。

注意："苟子之不欲，虽赏之不窃"是一个复句，在第一小句的主语"子"和谓语"不欲"之间加"之"字，取消句子的独立性，让听者（或读者）等待下文。第二小句"虽赏之不窃"是个紧缩句。

【解题】

孔子指出，所以有盗窃之事发生，根本原因在于统治者贪婪，以致人民生活困难不得不盗。这一章反映了当时统治者的罪恶本质。

9．子华①使于齐②，冉子③为其母请粟④。子曰："与之釜⑤。"请益⑥。曰："与之庾⑦。"冉子与之粟五秉⑧。子曰："赤之适齐也⑨，乘肥马，衣⑩轻裘。吾闻之也，君子⑪周急不继富⑫。"（《论语·雍也》）

【注解】

①公西赤，字子华，是孔子的学生。

②"使"（shì，ㄕˋ），出使，到别国进行外交活动。"于"，到。

③冉子就是冉求，字子有，亦称冉由，又称有子，是孔子的学生。

④"为"，替。"其母"，这儿指子华的母亲。"请"，乞求。

⑤"釜"（fǔ，ㄈㄨˇ），六斗四升。

⑥"请益"，请求增加。

⑦"庾"（yǔ，ㄩˇ），十六斗。

⑧"秉"，十六斛。

⑨子华在鲁国作官，他是作为鲁国的使者出使到齐国去的。"适"，往（到……去）。"赤之适齐也"，这儿的"之"字加在主语"赤"和谓语"适齐"之间，是一个助词，它没有实际意义，但有语法上的作用，它的作用就在于取消这个句子的独立性，让听者（或读者）等待下文。——单说"赤适齐"是一个完整的独立的句子，即使没有下文也站得住。可是单说"赤之适齐"就不是一个独立的完整句子了，听者（或读者）还等待下文，比方说这儿的"乘肥马，衣轻裘"。又：这种在主语谓语之间加"之"字的句法有时还有一种表示时间的作用，"赤之适齐也"，可理解为"赤到齐国去的时候"。

⑩"衣"用作动词，当"穿着"讲。

⑪"君子"，在《论语》一书里所用的"君子"一词，有时指有才德修养的人，有时指居高位的统治者。

⑫"周"，接济。"急"，困窘。"继"，这儿当继续增加讲。

【解题】

孔子认为应该解决穷苦人的困难，而不应该让富有的人再富。这种思想在当时有一定的进步意义。

孔子所说的"君子"是合乎他那种维护统治阶级利益的道德标准的人。

10.子贡①曰："君子之过也，如日月之食焉②。过也，人皆见之；更也③，人皆仰之④。"（《论语·子张》）

【注解】

①子贡，姓端木，名赐，是孔子的学生。

②"君子过"（君子犯错误）和"日月食（蚀）"本来都是完整而独立的句子。因为前者充当动词"如"的主语，后者充当动词"如"的宾语，造成了一个新的句子，所以分别在这两个小句的主语谓语之间加"之"字取消这两个小句的独立性。"也"用在句中表示停顿。"焉"用在句尾，这儿也是一个语气词。

③"更"，改"过"。

④"仰"，瞻仰，敬慕。

【解题】

子贡认为一个人犯了错误，就和日蚀月蚀一样，大家看得都很清楚，用不着隐瞒，只要正视错误并改正错误，仍然会受到人们的尊敬。这种观点在今天还是正确的。

第 二 课

语 法

1 否定句中代词宾语的位置

表示否定的句子叫否定句。在古代汉语中，否定句动词的宾语如果是代词，这个代词宾语，一般放在动词的前面，这是古代汉语特有的句法。现在我们分别从下面两种类型的否定句来讨论这种句法。

第一，动词前面有"不"、"未"等否定副词的否定句。在这种否定句里，动词的宾语如果是代词，它一般放在动词前面。例如：

（一）子不我思，岂无他人？（《诗经·郑风·褰裳》）在"子不我思"这个句子里，"不我思"就是"不思我"。因为这是个否定句，动词"思"的宾语"我"是代词，按照上述规律，"我"字放在"思"的前面。

（二）吾问狂屈，狂屈中欲告我而不我告。)《庄子·知北游》）——"中"，心里。

在这个例子里，"欲告我"是肯定的，宾语"我"虽是代词，但是放在动词"告"的后面；"不我告"是否定的，宾语"我"是代词，就放在动词"告"的前面了。

　　（三）我未见力不足者，盖有之矣，我未之见也。（《论语·里仁》）——"盖"，大概。

在这个例子里，"盖有之矣"的"之"字是代词，指代上文的"力不足者"，它充当动词"有"的宾语，因为这句不是否定句，所以放在动词"有"的后面。而"我未之见也"的"之"字也是代词，并且也是指代上文的"力不足者"的，它充当动词"见"的宾语，但是因为这句是否定句，所以就放在动词"见"的前面。

　　第二，以无指代词作主语的否定句。在这种否定句里，动词的宾语如果是代词，一般也放在动词前面。

　　什么叫无指代词呢？古代汉语有"莫"和"无"等字，当它们在句中分别充当主语的时候，意思是"没有人"或"没有东西"等等，这种用法的"莫"和"无"，我们叫它无指代词。例如：

　　（一）君仁，莫不仁；君义，莫不义。（《孟子·离娄上》）

　　（二）〔臣〕相人多矣，无如季相。（《史记·高祖本纪》）——"相人"，给人看相。

例（一）的"莫不仁"、"莫不义"意思就是"没有人不仁"、"没有人不义"；例（二）的"无如季相"意思就是"没有人赶得上你刘季的像貌"。这种用法的"莫"和"无"都是无指代词。

　　这类否定句，动词的宾语如果是代词，一般也放在动词的前面。例如：

　　（三）子曰："莫我知也夫！"（《论语·宪问》）

这句话的意思是"没有人了解我啊",它是以无指代词"莫"作主语的否定句,动词"知"的宾语是代词"我",所以放在动词"知"的前面。

(四)吾有老父,身死,莫之养也。(《韩非子·五蠹》)"莫之养"的意思是"没有人养活他","之"是代词,指代上文的"老父",充当动词"养"的宾语,因为这是个否定句,所以放在动词"养"的前面。

但是,古代汉语否定句中,代词宾语也有放在动词之后的,例如:"祭肉,不出三日;出三日,不食之矣。"(《论语·乡党》)"有事而不告我,必不捷矣。"(《左传·襄公二十八年》)这反映了古代汉语句法结构的演变。

2 疑问句中疑问代词宾语的位置

表示疑问的句子叫疑问句。第一,在古代汉语中,疑问句动词的宾语如果是疑问代词,这个疑问代词宾语,一般放在动词的前面,这也是古代汉语特有的句法。例如:

(一)孟尝君曰:"客何好?"(《战国策·齐策》)

(二)项王曰:"沛公安在?"(《史记·项羽本纪》)——"安",哪儿。

例(一)的"何"是疑问代词,充当动词"好"的宾语,放在动词"好"的前面。例(二)的"安"也是疑问代词,充当动词"在"的宾语,放在动词"在"的前面。

(三)吾谁欺?欺天乎?(《论语·子罕》)

在这个例子里,"吾谁欺"是疑问句,动词"欺"的宾语"谁"是疑问代词,所以放在动词"欺"的前面;而"欺天乎"虽然也是疑问句,但是动词"欺"的宾语"天"不是疑问代词,所以放在动词的后面。

　　第二，在古代汉语中，疑问代词充当介词的宾语，一般也放在介词的前面。例如：

　　　（一）君谁与守？（《孟子·离娄下》）

　　　（二）许子奚为不自织？（《孟子·滕文公上》）

例（一）的"君谁与守"，意思是"你跟谁防守"，"谁"是疑问代词，充当介词"与"的宾语，放在介词"与"的前面。例（二）的"奚为不自织"，意思是"为什么不自己织布"，"奚"也是疑问代词，充当介词"为"的宾语，放在介词"为"的前面。

　　但是，古代汉语疑问句中，疑问代词宾语也偶尔有放在动词或介词后面的，例如："子夏云何？"（《论语·子张》）这句话的意思是："子夏说了些什么？"宾语疑问代词"何"，就放在动词"云"的后面。又如："所谓伊人，于焉逍遥？"（《诗经·小雅·白驹》）"于焉逍遥"意思是"在哪儿游息"，宾语疑问代词"焉"，就放在介词"于"的后面。——不过，这种情况在先秦时代比较少见。

3 "之"、"是"——宾语提前的标志

　　在古代汉语中，有时为了强调动词或介词的宾语，可以把宾语从动词或介词的后面，提到动词或介词的前面，并在提前了的宾语的后面，加助词"之"、"是"等来标志，这也是古代汉语中特有的句法。现在我们分别从动词的宾语提前的情况和介词的宾语提前的情况，来讨论这种句法。

　　第一，动词的宾语提前，加助词"之"或"是"等来标志。例如：

　　　（一）寡君其罪之恐，敢与知鲁国之难？（《左传·昭公

三十一年》）——我们的君王正担心着他自己的罪过，还敢过问鲁国的困难吗？

（二）君亡之不恤，而群臣是忧，惠之至也。（《左传·僖公十五年》）——君王不忧虑自己流亡在外，却担心我们这群臣子，真是仁惠到极点了。

（三）宋何罪之有？（《墨子·公输》）

例（一）的"其罪之恐"，其实是"恐其罪"的倒装，意思是"担心他自己的罪过"，为了强调动词"恐"的宾语"其罪"，所以把它提到动词的前面，并加助词"之"标志。例（二）"亡之不恤"，其实是"不恤亡"的倒装，意思是"不忧虑自己流亡在外"，为了强调动词"恤"的宾语"亡"，所以把它提到动词的前面，并加助词"之"标志（"不"是动词"恤"的状语）。"群臣是忧"，句法分析同上，助词"是"，乃是宾语"群臣"提前的标志。例（三）的"宋何罪之有"，等于说"宋有何罪"，"之"字是宾语"何罪"提前的标志，这种反问的说法，在古代汉语里常常见到。

有时动词的宾语提前，在提前了的宾语的后面加"之为"二字来标志。例如：

（四）故人苟生之为见，若者必死；苟利之为见，若者必害。（《荀子·礼论》）——所以一个人如果只看到生，这样的话他必定会死；如果只看到利，这样的话他必定会受害。在这个例子里，"生之为见"，动词是"见"，宾语是"生"；"利之为见"，动词是"见"，宾语是"利"。为了强调宾语，而把宾语提前，"之为"二字加在提前了的宾语后面，作为标志。不过这种用例在古代汉语中比较少见。

有时又在提前了的宾语前面加上一个表示范围的副词 "唯"
（或 "惟" ）字，构成 "唯……是……"、 "惟……之为……"
的说法。例如：

（五）率师以来，唯敌是求。（《左传·宣公十二年》）

（六）唯仁之为守，唯义之为行。（《荀子·不苟》）

例（五）的 "唯敌是求"，等于说 "唯求敌"，例（六）的 "唯
仁之为守"、 "唯义之为行"，等于说 "唯守仁"、 "唯行义"。

这种 "唯……是……"、 "惟……之为……" 的说法，不但
强调了动词的宾语，而且表示了动作行为对象(宾语)的单一性、
排他性。现代汉语里的 "唯你是问"、 "唯利是图" 的说法，就
是这种结构的遗迹。

第二，介词的宾语提前，加助词 "之" 或 "是" 来标志。例
如：

（一）叔仲昭伯曰： "我楚国之为，岂为一人行也！"
（《左传·襄公二十八年》）——这儿的 "一人" 指的是楚康王。

（二）鼋鼍鱼鳖之与处，而蛙黾之与同渚。（《国语·
越语》）——鼋(yuán，ㄩㄢˊ)，鳖一类的动物。鼍(tuó，ㄊㄨㄛˊ)，
鼍龙，是鳄鱼的一种。鳖(biē，ㄅㄧㄝ)，爬虫类动物，俗名 "甲
鱼"。蛙(wā，ㄨㄚ)，黾(mǐn，ㄇㄧㄣˇ)，属蛤蟆一类。渚(zhǔ，
ㄓㄨˇ)，通 "渚"，水中间的小陆地。(我们终年)跟鼋、鼍鱼鳖相
处在一起，跟蛤蟆住在一个地方。

（三）齐侯曰： "岂不穀是为，先君之好是继。"（《左
传·僖公四年》——齐侯说： "不是为了我自己，是为了继承先
王的友好的关系。"

例（一）的 "楚国之为"，其实是 "为楚国" 的倒装，为了强调

介词"为"的宾语"楚国",所以把它提到介词的前面,并加助词"之"来标志。比较下文"岂为一人",由于对"为"的宾语"一人"无所强调,就没有把它提前,因而也就无须加助词"之"来标志。例(二)的"鼋鼍鱼鳖"是介词"与"的宾语,下文"蛙黾"也是介词"与"的宾语,被强调提前后,分别加助词"之"来标志。例(三)的"岂不穀是为",等于说"岂为不穀","不穀"是古代君王自己的谦称,这里充当介词"为"的宾语,被强调提前后,加助词"是"来标志。下文"先君之好是继","继"是动词,"先君之好"是宾语,"是"是动词的宾语被强调提前后所加的标志,这种句法前面已经讨论过。

课　文

1.阳货①欲见孔子,孔子不见,归孔子豚②。孔子时其亡也,而往拜之③。遇诸涂④。谓孔子曰:"来,予与尔言。"曰⑤:"怀其宝⑥而迷其邦⑦,可谓仁乎⑧?"曰:"不可。好从事⑨而亟失时⑩,可谓知乎⑪?"曰:"不可。日月逝矣⑫,岁不我与⑬。"孔子曰:"诺⑭,吾将仕矣⑮。"(《论语·阳货》)

【注解】

①阳货,名虎,字货,貌似孔子,是春秋时鲁国大夫季平子的家臣(大夫手下管事的),季平子死后,阳货专权管理鲁国的政事。这一章记载的是阳货劝说孔子出来做官的故事。

②"归"就是"馈",赠送。"豚"(tún,ㄊㄨㄣˊ),小猪。

③"孔子时其亡也,而往拜之",这儿的"时"字当"伺"讲,侦候观察的意思。"亡",出外,不在家。"拜",拜会(答谢)。注意:这儿的"而"字是连词,当"而后"、"然后"讲,它放在两个动词之间,表示有上一事方始有下一事。这句话译成现代的说法就是"孔子瞧他不在家然后去拜谢他"(意思是不打算跟阳货直接会见)。

④"遇诸涂",就是"遇之于涂","诸"是兼词;"涂"就是路途的"途"。

⑤前人说,自此以下的三个"曰"字,都是阳货的自问自答。

⑥"怀",藏起来。"宝",当"身"讲;又有一说,指个人的才德。"怀其宝"就是"隐居起来不出来做官"的婉转的说法。

⑦"迷其邦"就是"使其邦迷",意思是"让自己的国家混乱下去"。"迷"字的这种用法,以后还要讨论。

52

⑧ "可谓仁乎"，可以叫做仁爱吗？"仁"，是儒家所认为的一种最高的道德品质。

⑨ "好从事"，喜欢做事情。

⑩ "亟失时"，累次失去机会。"亟"（qì，〈lˋ），屡次。

⑪ "可谓知乎"？可以叫做聪明吗？"知"，同"智"。

⑫ "日月逝矣"，时光过去了。

⑬ "岁不我与"，时间不等待我（们）。这儿的"岁"当"时间"讲，"与"当"等待"讲。这是个否定句，动词"与"的宾语是代词"我"，放在动词的前面。

⑭ "诺"，古代汉语的应答词，大致跟现代汉语的"好"、"好吧"相当。

⑮ "将"，打算。"仕"，做官。

【解题】

阳货把持鲁国的政事，想利用孔子帮助他，孔子不愿意，但又不便正面拒绝，只好敷衍一番。从这一章可以看出孔子对阳货的憎恶。

2．卫灵公问陈① 于孔子，孔子对曰："俎豆之事②，则③尝④闻之矣；军旅之事⑤，未之学也⑥。"明日遂⑦行。（《论语·卫灵公》）

【注解】

① "陈"，就是后来的"阵"字，指军队的行列，特别指作战的阵势。

② "俎"（zǔ，卩ㄨˇ）和"豆"是古代两种盛肉食的礼器，这儿的"俎豆之事"，指行礼的事情。这是修辞性的说法。

③ 这儿的"则"字当"倒是"讲，是表示对待关系的连词，一个句子里用了这样的"则"字，就表示下文还有跟这句话相对待的话。

④ "尝"，曾经，副词。

⑤ "军"和"旅"是军队的两种单位，这儿的"军旅之事"，指用兵的事情。这也是修辞性的说法。

⑥ "未之学也"，这是否定句，"之"这个代词（指代"军旅之事"）

充当动词"学"的宾语,放在动词"学"的前面。比较上文"尝闻之矣",这是肯定句,代词"之"（指代"俎豆之事"）充当动词"闻"的宾语,则放在动词"闻"的后面。

⑦"遂",于是,就,副词。

【解题】

从这一章里可以看出,孔子主张以礼治国,而不要凭藉武装力量。因此当卫灵公问他"军旅之事"的时候,他就婉言拒绝而离开了卫国。

3.子击磬于卫,有荷蒉而过孔氏之门①者,曰:"有心哉②,击磬乎!"既而③曰:"鄙哉,硁硁乎④!莫己知也⑤,斯已而已矣⑥!'深则厉,浅则揭⑦。'"子曰:"果哉⑧!末之难矣⑨。"（《论语·宪问》）

【注解】

①"荷蒉而过孔氏之门",'荷'(hè,ㄏㄜˋ),挑。"蒉"(kuì,ㄎㄨㄟˋ),草编的筐子。"过",经过。这儿的"而"字,连接"荷蒉"和"过孔氏之门"这两个同属于一个主动者的动作行为,并表示前者是后者的方式。这种说法译成现代汉语,就在第一个动词的后面加"着"字,但不用"而"字,即:挑着草筐子经过姓孔的门前。

②"有心哉",有深意啊,有心思啊。

③"既而",过了一会儿。

④"鄙哉,硁硁乎!"粗野呀,磬声硁硁的!"硁"(kēng,ㄎㄥ),磬声,又形容人的鄙贱。

⑤"莫己知也","莫",意思是"没有人",是无指代词,这儿充当主语。这是一个否定句,动词"知"的宾语是代词"己",放在"知"的前面。这句话译成现代汉语就是:"没有人知道我自己啊"。

⑥"斯已而已矣","斯",这就,就。"已",是个动词,当"罢休"、"算了"讲。"而已"是一个语气词。"而已"、"矣"两个语气词连用,古代汉语里常常见到,语气的重点在"矣"字上。

⑦"深则厉,浅则揭",这是引用《诗经·邶风·匏有苦叶》这篇诗里的

两句话。"深""浅"指河水而言。"厉",连衣下水而渡河。"揭",揽起衣裳走过去。引用这两句诗的意思是:不必拘泥成见,看情况办理。

⑧"杲",坚决。

⑨"末之难矣","末"字是无指代词,具体到这里的上下文,当"没有办法"讲,它在这儿充当主语。"难",动词,当"说服"讲。这是一个否定句,动词"难"的宾语是代词"之",放在"难"字的前面。这句话译成现代汉语就是:"没有办法说服他了"。

【解题】

孔子为了推行他的政治主张,曾经周游列国,他常常遭到冷淡的待遇,甚至受人嘲笑,但他推行自己的政治主张的信念始终是坚定的。这和"荷蒉者"那种逃避现实的态度比起来,还是积极的。

4.子曰:"君子病①无能焉②,不病人之不己知也③。"(《论语·卫灵公》)

【注解】

①"病",忧虑,动词。

②"焉",用在这儿是语气词。

③"不病人之不己知也",这儿的"之"字加在"人不己知"这个小句的主语"人"和谓语"不己知"之间,取消它的独立性,因为它充当了动词"病"的宾语。又:"不己知"意思是"不知道自己"。这个否定句动词的宾语是代词"己",放在动词前面。

【解题】

这一章告诉人们要从各方面充实自己,不要患得患失。

5.司马牛问君子①。子曰:"君子不忧不惧。"曰:"不忧不惧,斯谓之君子矣乎②?"子曰:"内省不疚③,夫④何忧何惧⑤?"(《论语·颜渊》)

【注解】

①司马牛是孔子的学生。在《论语》中,"司马牛问君子"这种句法,意思是司马牛问关于君子的问题,而不是向某一君子发问。这是值得注意的。

②这儿的"斯"字是承接上文的连词，可以译为"就"或者"这就"。"谓之君子"，叫他（做）君子。

③"内省不疚"，内心反省不惭愧，就是"于心无愧"的意思。"疚"（jiù，ㄐㄧㄡˋ）。

④"夫"，彼，古代汉语第三身代词，这儿指代君子。

⑤"何忧何惧"，忧虑什么，恐惧什么。疑问代词"何"充当动词"忧"和"惧"的宾语，放在动词的前面。

【解题】

孔子认为君子应该是"内省不疚"、"不忧不惧"的人。但内心的"疚"和"不疚"，在孔子看来则决定于人们的思想、言论和行动是否合乎儒家的道德规范。而儒家的道德规范是服从于当时统治阶级的利益的。由此看来，决不能离开阶级观点来说内心"疚"和"不疚"的问题。

6.宰予昼寝①。子曰："朽木，不可雕也；粪土之墙，不可杇②也。于予与何诛③？"子曰："始④吾于人也，听其言而信其行；今吾于人也，听其言而观其行。于予与改是⑤。"（《论语·公冶长》）

【注解】

①宰予，字子我，亦称宰我，是孔子的学生。"昼寝"，白天睡觉。

②"杇"（wū，ㄨ），粉刷。

③"于予与何诛"，这儿的"于"字当"对于"讲，这儿的"与"字是用在句中表示停顿的语气词，可以译为"啊"。"何诛"，责备什么（意思是不值得责备）。疑问代词"何"充当动词"诛"的宾语，放在动词的前面。

④"始"字和下文的"今"字对举，当"当初"讲。

⑤"于予与改是"，这儿的"于"字当"从"讲。"与"字的用法跟注③所讨论的相同。

【解题】

宰予不勤勉，孔子深表不满，把他比作朽木和粪土之墙。从而可以看出孔子对不好学的人是很厌恶的。

"听其言而观其行",这句话是正确的,在今天对我们的实践仍有一定指导意义。

7.公山弗扰①以费畔②,召,子欲往。子路不说③,曰:"末之也已④!何必公山氏之之也⑤?"(《论语·阳货》)

【注解】

①公山弗扰是春秋时鲁国大夫季氏的地方官。"费"(mì,ㄇㄧˋ),地名,在山东境内。

②"以费畔","以"字原来有"凭藉"的意思,这儿引申开来当"占据"讲。"畔",叛变。

③"说",同"悦",乐意。

④"末之也已","末"字是无指代词,具体到这里的上下文,当"没有地方"讲;"之"是动词,当"往"(去)讲;"已"当"止"讲。这句话译成现代的说法就是:"没有地方去嘛就呆下来。"

⑤"何必公山氏之之也",这儿的第二个"之"字是动词,当"往"(去)讲。这句话其实是"何必之公山氏也"的倒装,宾语"公山氏"提到动词"之"的前面,再加助词"之"作标志。

【解题】

这一章说明孔子想到一个新的地方去推行他的政治主张。

8.子曰:"德之不修,学之不讲①,闻义不能徙,不善不能改,是吾忧也③。"(《论语·述而》)

【注解】

①"德之不修",是"不修德"(不修养道德品质)的倒装,"学之不讲"是"不讲学"(不讲习学业)的倒装。这都是宾语提前,加"之"来标志的句法。

②"闻义不能徙",论字面"徙"当"迁移"讲,可是这儿的意思没有这么具体。看上下文,"徙"指全力以赴努力做到"义"的过程。

③"是吾忧也"，这（是）我的忧虑啊。

注意：这句话的"是"复指上文"德之不修，学之不讲，闻义不能徒，不善不能改"。这句话是判断句，不用系词"是"。

【解题】

孔子提倡人们修养道德品质，讲习学业，努力做到有过必改。这种修身治学的态度是正确的。但是他所说的"德"、"学"、"义"、"善"都是符合于当时的贵族统治阶级的利益的，有其历史的和阶级的局限性。

9.徐子①曰："仲尼②亟称于水曰：'水哉！水哉！'何取于水也③？"孟子④曰："原泉⑤混混⑥，不舍昼夜⑦，盈科而后进⑧，放乎四海⑨；有本者⑩如是，是之取尔⑪。苟为⑫无本，七八月之间雨集，沟浍⑬皆盈，其涸⑭也，可立而待⑮也。故声闻过情⑯，君子耻之⑰。"（《孟子·离娄下》）

【注解】

①徐子就是徐辟，是孟子的学生。

②仲尼，就是孔子。

③"何取于水也"，对水取哪一点呢？疑问代词"何"充当动词"取"的宾语，放在动词的前面。

④孟子，名轲，字子舆，战国邹人。他是孔子的孙子子思门人的学生，是一位儒家的学者。

⑤"原泉"，就是"源泉"，有源头的活水，就是从地下流出的有本源的水。

⑥"混混"，滚滚，形容水涌出的样子。

⑦"不舍昼夜"，昼夜不停息。

⑧"盈"，填满。"科"，坎，低陷不平的地方。"盈科而后进"，是说水填满了低陷不平的地方才继续向前流。

⑨"放乎四海"，流到四海。这儿的"放"当"流"讲，这儿的"乎"字是个介词，跟"于"相同，当"到"讲。

58

⑩"有本者"，有本有源的活水。

⑪"是之取尔"，其实是"取是尔"的倒装，宾语代词"是"被强调提到动词的前面，加"之"字标志。"尔"，而已，是语气词。这句话的意思是："取这点而已"。

⑫"苟为"，假如，这是古代汉语表示假设的连词，一般用于否定句。

⑬"浍"（kuài，ㄎㄨㄞˋ），田间水沟。

⑭"涸"（hé，ㄏㄜˊ），水干竭。

⑮"可立而待"，很快的意思。

⑯"声闻"，名声。"情"，实（指一个人的实际才德）。"声闻过情"，徒有虚名的意思。

⑰"君子耻之"，君子以之为耻（认为这可耻）。"耻"字的这种用法，以后还要讨论。

【解题】

孟子藉流水的有本有源不断前进，来说明人应有真才实学，要不断进步；不要"声闻过情"，徒有虚名。这种看法，在今天看来，还是有现实意义的。

10. 颜渊①死，子哭之恸②。从者曰："子恸矣！"曰："有恸乎？吾非夫人之为恸③而谁为④？"（《论语·先进》）

【注解】

①颜渊是孔子的得意门生，早亡。

②"恸"，悲哀过甚。

③"夫人之为恸"，"夫人"，彼人（那个人），指颜渊，"夫人之为恸"其实是"为夫人恸"的倒装。"为"是介词，"夫人"是它的宾语，为了强调，把它提到介词的前面，并加助词"之"标志。

④"谁为？"译成现代的说法就是"为什么人？"介词"为"的宾语是疑问代词"谁"，放在介词的前面。

第 三 课

语　　法

1 直陈语气——也、矣、焉、耳

2 停顿语气——者、也

3 疑问语气——乎、与、邪

4 反问语气——哉、乎、邪

5 测度语气——乎、与、邪

6 感叹语气——哉、夫

7 祈使语气——也、矣、乎、来

8 语气词的连用

直陈语气——也、矣、焉、耳

　　直陈语气，陈述一件事情，而不带疑问、测度、感叹或祈使等任何特殊的语气。在古代汉语里，直陈语气可以不用语气词，如："子温而厉，威而不猛，恭而安。"（《论语·述而》）又如："宰予昼寝。"（《论语·公冶长》）也有用语气词来表示的，常用的是："也"、"矣"、"焉"、"耳"。这些语气词各有各的特点，它们的分工决定于所陈述的客观事实的内容以及说话人的主观评价和感情色彩的不同。下面分别讨论这四个语气词的基本用法。

　　"也"——表示直陈语气的"也"字，一般用于下列三种情况：

第一，作出判断。例如：

（一）宋，小国也。（《孟子·滕文公下》）

（二）和氏璧，天下所共传宝也。（《史记·廉颇蔺相如列传》）

（三）城郭不完，兵甲不多，非国之灾也。（《孟子·离娄上》）——"城"，内城。"郭"，外城。"兵甲"，"兵"本来是指"兵器"，"甲"是指"铠甲"，这里"兵甲"指的是"军队"。

例（一）、例（二）是肯定的判断句，例（三）是否定的判断句，在这些判断句的末尾，都用了"也"字来结尾。

第二，说明因果。例如：

（一）于是舍人相与谏曰："臣所以去亲戚而事君者，徒慕君之高义也。"（《史记·廉颇蔺相如列传》）——"舍人"，门客。"相与"，共同，一块儿。

（二）彊秦之所以不敢加兵于赵者，徒以吾两人在也。（同上）——"彊"，同"强"。

（三）古之人与民偕乐，故能乐也。（《孟子·梁惠王上》）——"偕"（xié，ㄒㄧㄝˊ），共同。

例（一）的"臣所以去亲戚而事君"是结果，"徒慕君之高义"是原因。例（二）的"彊秦之所以不敢加兵于赵"是结果，"徒以吾两人在"是原因。这是由果溯因、说明真相的说法，在陈述原因的小句之后，用"也"字来结尾。例（三）的"古之人与民偕乐"是原因，"故能乐"是结果，这是由因及果、进行推理的说法，在陈述结果的小句之后，用"也"字来结尾。

第三，确认事实。例如：

（一）子曰："不患人之不已知，患不知人也。"（《论语·学而》）——"患"，忧虑。

（二）纣之去武丁未久也。（《孟子·公孙丑上》）

（三）孔子曰："圣，则吾不能；我学不厌而教不倦也。"（《孟子·公孙丑上》）——"圣"，对什么事都精通。

在这些句子的末尾用"也"字来结尾，是表示说话人对所说的事情表示深信不疑，加强肯定。

总之，用"也"字表示直陈语气，所表示的都是事实的"固然"或"当然"，也就是说，全句所陈述的都是本来如此或理当如此的事情。用了"也"字，就意味着他们并不是经过一番变化之后的结果。因此，在这个意义上讲，有人说"也"字是个静性的语气词。

现代汉语，还没有一个语气词和"也"字完全相当的。

"矣"——表示直陈语气的"矣"字，一般用于下列三种情况：

第一，表示已经实现的事情或已经形成的情况。例如：

（一）俎豆之事，则尝闻之矣；军旅之事，未之学也。（《论语·卫灵公》）

（二）宋人有闵其苗之不长而揠之者，茫茫然归，谓其人曰："今日病矣，予助苗长矣。"其子趋而往视之，苗则槁矣。（《孟子·公孙丑上》）——"闵"同"悯"。"揠"（yà，丨丫），拔。"茫茫然"，疲倦的样子。"其人"，他家里的人。"病"，累。"则"，原来已经。"槁"（gǎo，ㄍㄠ），干枯。

例（一）的"闻""俎豆之事"，是已经实现的事情；例（二）的"宋人""今日病"，是已经形成的情况；"助苗长"，是已经实现的事情；"苗槁"，是已经形成的情况。在这些句子的末尾，都用了"矣"字来结尾。

第二，表示行将实现的事情或行将出现的情况。例如：

（一）孔子曰："诺，吾将仕矣。"（《论语·阳货》）——"仕"，做官。

（二）奢闻子胥之亡也，曰："楚国君臣且苦兵矣。"（《史记·伍子胥列传》）——"亡"，逃亡。"且"，将要。"苦兵"，受战争之苦。

（三）相如曰："五步之内，相如请得以颈血溅大王矣。"（《史记·廉颇蔺相如列传》）——"得"，能。

例（一）的"仕"，是行将实现的事情；例（二）的"楚国君臣且苦兵"，是行将出现的情况；例（三）的"以颈血溅大王"，是行将实现的事情。在这些句子的末尾，都用了"矣"字来结尾。

第三，表示在某种条件下产生某种后果。例如：

（一）子曰："温故而知新，可以为师矣。"（《论语·为政》）

（二）祭肉不出三日。出三日，不食之矣（《论语·乡党》）——用来祭祀的肉（存放）不超过三天，过了三天，就不吃它了。

（三）大王必欲急臣，臣头今与璧俱碎于柱矣。（《史记·廉颇蔺相如列传》）——"急臣"，使我急，意思是"逼迫我"。"今"，即。

例（一）的"温故而知新"是条件，"可以为师"是在这个条件下产生的后果；例（二）的"祭肉""出三日"是条件，"不食之"是在这个条件下产生的后果；例（三）的"大王必欲急臣"是条件，"臣头今与璧俱碎于柱"是在这个条件下产生的后果。在陈述后果的分句之后，用"矣"字来结尾。

总之，用"矣"字表示直陈语气，所表示的都是事实的"已然"或"将然"，也就是说，全句所陈述的都是已经实现的事情，已经形成的情况；或者行将实现的事情，行将出现的情况。用了"矣"字，就意味着它们都是经过了一番变化之后的结果。因此，在这个意思上讲，有人说"矣"字是个动性的语气词。

现代汉语的语气词"了"字的用法，大体和"矣"字相当。

"焉"——表示直陈语气的"焉"字，是一个带点儿指示性和咏叹情味的语气词。当说话人对于所说的事情要进行郑重的陈述，并指示听者（或读者）加以注意时，就在句子的末尾用"焉"字。在连续的表达中，用"焉"字表示直陈语气的句子，常常是说话人陈述的重点所在，希望听者（或读者）信服他所说的这句话。例如：

（一）公都子曰："匡章，通国皆称不孝焉；夫子与之游，又从而礼貌之，敢问何也？"（《孟子·离娄下》）——"通国"，全国。"游"，交游，交往。

（二）国君好仁，天下无敌焉。（《孟子·尽心下》）

（三）〔公子重耳〕谓季隗曰："待我二十五年，不来而后嫁。"〔季隗〕对曰："我二十五年矣，又如是而后嫁，则就木焉。请待子！"（《左传·僖公二十三年》）——"隗"（wěi，ㄨㄟˇ）。"就木"，入棺，意思就是：将死了。

（四）子曰："君子病无能焉，不病人之不己知也。"（《论语·卫灵公》）——"病"，忧虑。

64

例（一）公都子对孟子郑重陈述"匡章，通国皆称不孝"这件事，指示孟子注意并希望他信服，所以在句子的末尾用"焉"字。其余三个例子里的"焉"字的用法同上。——例（二）例（三）的"焉"字可以换用"矣"字，但是不用"矣"而用"焉"，可以见出"焉"字的上述特点来。例（四）的第一个小句用"焉"，第二个小句用"也"，试加比较，可以见出"君子病无能"是陈述的重点所在，并希望人信服。

纯粹表示直陈语气的"焉"字，可能是从作为兼词的"焉"字和作为代词的"焉"字引申变化来的。作为兼词的"焉"字，我们在第一课里已经讨论过，现在再举一个例子：

（一）昔者吾舅死于虎，吾夫又死焉，今吾子又死焉。（《礼记·檀弓下》）

作为代词的"焉"字如：

（二）子女玉帛，则君有之；羽毛齿革，则君地生焉。（《左传·僖公二十三年》）——"子女"，男女奴隶。"齿"象牙。

（三）信则人任焉。（《论语·阳货》）——〔一个人如果〕待人诚实，那么别人就任用他了。

例（一）的"焉"字是兼词，等于"于之"，其中隐含的"之"字指代"虎"，"死焉"等于说"死于之（虎）"。例（二）的"焉"字是代词，等于"之"，指代上文的"羽毛齿革"；例（三）的"焉"字也是代词，等于"之"，泛指"仁者"。但是何以不说"死于之"而说"死焉"，何以不说"生之"、"任之"而说"生焉"、"任焉"，比较起来就可以看出这些"焉"字虽有完足句意的实际意义，但是也许也兼有表示语气的作用。

至于下面两个例子里的"焉"字，虽然也可以把它看成兼

词，理解为"于之"，但是就全句意思来看，并不是 完 全 必 要
的，不用它，句子意思的完整性并不受影响：

（一）长沮、桀溺耦而耕。孔子过之，使子 路 问 津 焉。
（《论语·微子》）——"耦"（ǒu，ㄡˇ），二人面对面地耕 地。
"津"，过河的渡口。

（二）圣人非所与熙也，寡人反取病焉。（《晏子春秋·
内篇杂下》）——"圣人"，精明通达的人。"熙"，戏。"取
病"，受到侮辱，自讨没趣。圣人（指晏子）不是〔随便可以〕跟
他开玩笑的，〔现在跟他开了玩笑〕我反倒自讨没趣了。
这种情况下的"焉"字，它的主要作用应该是表示句子的语气。

现代汉语的语气词"呢"字（不是表示疑问语气的），有时
大致和"焉"字相似，但不一定完全密合相当，要看具体情况。

"耳"——表示直陈语气的"耳"字，古书上有 时 又 写 作
"尔"，一般用于下列两种情况：

第一，表示仅此而已，不过如此。例如：

（一）从此道至吾军，不过二十里耳。（《史记·项羽本
纪》）

（二）口耳之间，则四寸耳。（《荀子·劝学》）——这
儿的"则"字跟"乃"字义近，有"就是"的意思。

（三）叶公子高入据楚，诛白公，定楚国如反手尔。（《荀
子·非相》）
例（一）"不过二十里耳"，言其不远；例（二）"则四寸耳"，
言其甚近；例（三）"定楚国如反手尔"，言其甚易。当说话人
不看重他所陈述的事情，不把它当回事的时候，就在句子的末尾
用"耳"（尔）字。

　　"耳"是"而已"的合音，所以古书上又常见"而已"，并且常和"矣"字连用。例如：

　　（一）曹交问曰："人皆可以为尧舜，有诸？"孟子曰："然。""交闻文王十尺，汤九尺；今交九尺四寸以长，食粟而已，如何则可？"（《孟子·告子下》）——"以"，助词，状语的标志。

　　（二）子曰："辞达而已矣。"（《论语·卫灵公》）

　　（三）古之兵，戈矛弓矢而已矣。（《荀子·议兵》——"兵"，兵器。

　　现代汉语的语气词"罢了"，和"耳"（尔）、"而已"相当，"而已"之后加"矣"字，就更加和"罢了"密合："罢"等于"（而）已"，"了"等于"矣"。

　　第二，表示决定。不是"而已"的合音，不能译为"罢了"。例如：

　　（一）且吾所为者极难耳。（《史记·刺客列传》）——"且"，再说。

　　（二）淮阴屠中少年有侮〔韩〕信者，曰："若虽长大，好带刀剑，中情怯耳。"（《史记·淮阴侯列传》）——"若"，你。"中情"，内心。

　　（三）庄王曰："子去而我归，吾孰与处于此！吾亦从子而归尔。"（《公羊传·宣公十五年》）——"去"，离开。例（一）的"极难耳"，意思是"非常困难呢"；例（二）的"中情怯耳"，意思是"内心是胆怯的"；例（三）的"吾亦从子而归尔"，意思是"我也跟着你回去了"。——例（一）的"耳"字好像近似"焉"字；例（二）的"耳"字好像近似"也"

字；例（三）的"尔"字好像近似"矣"字，但是语气都比较轻。"耳"（尔）字的这种用法随文而异，必须仔细揣摩体会。

古代汉语"耳"（尔）字以表示"仅此而已"、"不过如此"的语气最为常见。

2 停顿语气——者、也

在一个单句或复句的内部，在允许间歇的地方，用一定的语气词来表示语气未完而略有停顿，这叫做停顿语气。停顿语气可以分为"提顿"和"顿宕"两类：所谓"提顿"，是说话人有意作出的停顿，目的是为了明确句中各部分的关系，唤起听者（或读者）注意停顿以后的下文所作的说明或解释。所谓"顿宕"，一般是说话过程中自然的停顿和延宕，也有利用这种自然的顿宕来增加语句的情调或感情色彩的。

古代汉语常用的表示停顿的语气词有"者"、"也"等字，下面分别讨论它们的基本用法。

"者"——表示停顿语气的"者"字，一般用于下列三种情况：

第一，放在主语后面，表示提顿。例如：

（一）庠者，养也；校者，教也；序者，射也。（《孟子·滕文公上》）

（二）孙子武者，齐人也。（《史记·孙子吴起列传》）

（三）韩非者，韩之诸公子也。（《史记·老庄申韩列传》）——"诸公子"，贵族子弟。

这在第一课里我们已经见过。也有放在一般句子的主语后面的。例如：

（四）燕太子丹者，故尝质于赵。（《史记·刺客列传》）

——"故"，从前。"质"，抵押。

（五）所谓故国者，非谓有乔木之谓也，有世臣之谓也。（《孟子·梁惠王上》）——所谓古老的国家，不是说〔这个国家〕有着年代久远的高大的树木的意思，而是说有着世世代代富有政治经验的大官僚家族的意思。

主语后面用"者"字提顿，主要是为了着重点出主语的。

第二，放在复句中的上一分句之后，表示提顿。例如：

（一）孟尝君为相数十年，无纤介之祸者，冯谖之计也。（《战国策·齐策》）——"纤介"，细小，一点儿。

（二）使武安侯在者，族矣。（《史记·魏其武安侯列传》）——"使"，假使。"族"，满门抄斩。

（三）伍奢有二子，不杀者，为楚国患。（《史记·楚世家》——"患"，祸害。

例（一）"孟尝君为相数十年，无纤介之祸"是结果，"冯谖之计也"是原因。在陈述结果的分句之后，先用"者"字提顿，以唤起听者（或读者）注意原因分句所作的解释。例（二）"使武安侯在"是条件（假设），"族矣"是后果。在陈述条件（假设）的分句之后，先用"者"字提顿，以唤起听者（或读者）注意后果分句所作的说明。例（三）同。

第三，放在时间词的后面，表示顿宕。例如：

（一）古者棺椁无度。（《孟子·公孙丑下》）——"棺"，里棺。"椁"（guō，ㄍㄨㄛ），外棺。"度"，标准，尺度。

（二）昔者公刘好货。（《孟子·梁惠王下》）——"昔"，从前。"货"，财物。

（三）昔者疾，今日愈。（《孟子·公孙丑下》）——

"昔"，昨天。

（四）苏代为燕谓惠王曰："今者臣来，过易水，蚌方出曝。……"（《战国策·燕策》）——"曝"（pù，ㄆㄨˋ），晒太阳。

这种后面用"者"字顿宕的时间词，都是放在句子开头的状语。

"也"——表示停顿语气的"也"字，一般用于下列三种情况：

第一，放在主语后面，表示顿宕。例如：

（一）子曰："丘也幸，苟有过，人必知之。"（《论语·述而》）

（二）或曰："雍也仁而不佞。"（《论语·公冶长》）——"佞"（nìng，ㄋㄧㄥˋ），口才好。

（三）君子之过也，如日月之食焉。（《论语·子张》）——"食"，同"蚀"。

（四）二子之不欲战也宜。（《左传·哀公十一年》）——"宜"，应当，应该。

上面四个例子的主语后面，都用了"也"字表示停顿。——主语后面用"也"字停顿和用"者"字停顿有所不同：用"者"字，有提示解释的意味，是提顿；用"也"字，提示解释的意味较少，主要是曼声延宕，舒缓语气，从而使句子多少带有一点感情色彩。

表示顿宕的"也"字，和现代汉语的语气词"啊"字相当。

第二，放在复句中的上一分句之后，表示顿宕。例如：

（一）赤之适齐也，乘肥马，衣轻裘。（《论语·雍也》）

（二）晋公子重耳之及于难也，晋人伐诸蒲城。（《左传·

僖公二十三年》）——"及于难"，遭难。

（三）夫子至于是邦也，必闻其政。（《论语·学而》）这种"也"字大都用在陈述时间的分句之后，像例（一）例（二）就是。用在其它上一分句之后的比较少见。——上一分句之后用"也"字顿宕，表示语气未完，引起下文。

第三，放在时间词或其它状语的后面，表示顿宕。例如：

（一）古也墓而不坟。（《礼记·檀弓上》）——"墓"，修墓。"坟"，修坟。我国古代的墓葬都没有坟堆。

（二）今也滕有仓廪府库。（《孟子·滕文公上》）——"仓廪"，贮藏粮食的地方。"府库"，存放财币的地方。

（三）乡也吾见于夫子而问知。（《论语·颜渊》）——"乡"，刚才。"知"，智。

（四）暴虎冯河，死而无悔者，吾不与也。必也临事而惧，好谋而成者也。（《论语·述而》）——"暴虎"，赤手空拳和虎博斗。"冯河"（冯，píng，ㄆㄧㄥˊ），不用船只渡河。赤手空拳去和老虎搏斗，渡河不用船只，这样死了还不后悔的人，我是不跟他在一起共事的。〔我所共事的人〕一定要是面临任务便小心谨慎，善于计谋并且能够完成任务的人。

（五）始吾于人也，听其言而信其行；今吾于人也，听其言而观其行。（《论语·公冶长》）后面用"也"字的时间词，和后面用"者"字的时间词一样，都是放在句子开头的状语。例（四）副词"必"字用作状语，它的后面习惯上只能用"也"字顿宕，而不能用"者"字。例（五）的"于人"是状语，后面用"也"字顿宕，这种用法的"也"字，一般只限于用在当"对于"讲的"于……"的后面。

古代汉语表示顿宕的语气词还有"乎"、"与"、"焉"等字。例如：

（一）仕非为贫也，而有时乎为贫。（《孟子·万章下》）——做官不是因为贫困，可是有时是因为贫困。

（二）宰予昼寝。子曰："朽木不可雕也，粪土之墙不可杇也；于予与何诛？"（《论语·公冶长》）

（三）于是焉河伯欣然自喜。（《庄子·秋水》）

但是这种情况并不常见，我们就不详细讨论了。

3 疑问语气——乎、与、邪

疑问语气是表示说话人对一件事情有疑而问，等待回答的语气。古代汉语常用的表示疑问的语气词有"乎"、"与"、"邪"等字，它们译成现代汉语，有时要译成"吗"，有时要译成"呢"，这要看它们用在什么样的疑问句里。

第一，说话人把一件事全部说出来，等待对方作肯定的或否定的回答，这叫做是非问。"乎"、"与"、"邪"用在是非问句的末尾，要译成"吗"。例如：

（一）齐宣王问曰："交邻国有道乎？"（《孟子·梁惠王下》）——"道"，方法。

（二）商君曰："子不说吾治秦与？"（《史记·商君列传》）——"说"，悦，喜欢，乐意。

（三）子知子之所不知邪？（《庄子·齐物论》）

第二，说话人并列几个项目，等待对方选择一项加以回答，这叫做选择问。"乎"、"与"、"邪"用在选择问句的末尾，要译成"呢"。例如：

（一）孟子曰："敬叔父乎，敬弟乎？"（《孟子·告子

上》）

（二）不知周之梦为胡蝶与，胡蝶之梦为周与？（《庄子·齐物论》）——不知道是庄周做梦变做胡蝶呢，还是胡蝶做梦变做庄周呢？

（三）公以为吴兴兵是邪，非邪？（《史记·淮南衡山王列传》）——"是"，对。"非"，不对。

第三，说话人对事情的某一点不知道，用一个疑问代词表示出来，等待对方就这个疑点加以回答，这叫做特指问。"乎"、"与"、"邪"用在特指问句的末尾，要译成"呢"。例如：

（一）轸不之楚，何归乎？（《史记·陈轸列传》）——"之"，往。

（二）丘何为是栖栖者与？（《论语·宪问》）——"栖栖"（xī，ㄒㄧ），忙忙碌碌。孔子为什么这样忙忙碌碌呢？

（三）子之师谁邪？（《庄子·田子方》）

前面我们已经讨论过"也"、"矣"等语气词表示直陈语气的用法。可是在古代汉语里又常常见到在特指问句的末尾也有用"也"、"矣"等语气词的。例如：

（一）追我者，谁也？（《孟子·离娄下》）

（二）夫子曰："何为不去也？"（《礼记·檀弓下》）

（三）先生处胜之门下，几年于此矣？（《史记·平原君虞卿列传》）——您在我的门下，到现在有几年了？

因此有人认为"也"、"矣"本身又能表示疑问语气，这是不对的。上列各句之所以成为疑问句，并不是因为用了"也"、"矣"表示疑问语气，而是因为句子里有表示疑问的词语。这是应该注意的。

4 反问语气——哉、乎、邪

反问语气是表示说话人对一件事情无疑而问、明知故问的语气。反问和询问不同，它并不等待对方回答，而只是用问句的方式来表示否定或肯定：反问句中没有否定的字眼，这句话的用意就是否定；反问句中有否定的字眼，这句话的用意就在肯定，不直说而用反问，为的是加重语气，更有力量。古代汉语常用的表示反问的语气词有"哉"、"乎"、"邪"，常用的表示反问的语气副词有"岂"（其）、"独"、"宁"、"焉"。在反问句中，语气副词和语气词经常前后呼应着用。例如：

（一）景春曰："公孙衍、张仪，岂不诚大丈夫哉？一怒而诸侯惧，安居而天下熄。"（《孟子·滕文公下》）——"不"，非。"诚"，真正的。"熄"，本义是"火灭"，在这里引申为"太平"的意思。

（二）孟子曰："是焉得为大丈夫乎？"（同上）

（三）一之谓甚，其可再乎？（《左传·僖公五年》）——一次已经是过分了，难道可以来第二次吗？

（四）且帝宁能为石人邪？（《史记·魏其武安侯列传》）——再说皇上难道能变成石头人吗？

（五）相如虽驽，独畏廉将军哉？（《史记·廉颇蔺相如列传》）——"驽"（nǔ，ㄋㄨˇ），愚笨无能。"独"，难道。

（六）赵王岂以一璧之故欺秦邪？（同上）

"岂"（其）、"独"、"宁"和现代汉语的"难道"相当，"哉"、"乎"、"邪"和它们前后呼应着用时，译成"吗"。"焉"和现代汉语的"哪儿"相当，"哉"、"乎"、"邪"和它前后呼应着用时，译成"呢"。

5 测度语气——乎、与、邪

测度语气是说话人对一件事情表示将信将疑的语气。这种语气介乎直陈和疑问之间，它不要求对方予以证实。古代汉语常用的表示测度的语气词有"乎"、"与"、"邪"，常用的表示测度的语气副词有"其"、"殆"、"无乃"、"得无"等。在测度句中，语气副词和语气词经常前后呼应着用。例如：

（一）子曰："道不行，乘桴浮于海。从我者，其由与？"（《论语·公冶长》）——"道"，指孔子自己的政治主张。"桴"（fú，ㄈㄨˊ），木筏。

（二）吾闻圣人不相，殆先生乎？（《史记·范睢蔡泽列传》）——我听说过圣人不能用相貌来论断他，这大概是说的你吧！

（三）无乃不可乎？（《左传·隐公三年》）

（四）今民生长于齐不盗，入楚则盗，得无楚之水土使民善盗邪？（《晏子春秋·内杂篇下》）

"其"、"殆"、"无乃"、"得无"和现代汉语的"大概"、"恐怕"、"莫非"等相当，"乎"、"与"、"邪"和它们前后呼应着用时，译成"罢"（吧）。

6 感叹语气——哉、夫

感叹语气表示说话人的各种感情，古代汉语常用的表示感叹的语气词有"哉"、"夫"等字。例如：

（一）管仲之器小哉！（《论语·八佾》）——"器"，器量。

（二）上读《子虚赋》而善之，曰："朕独不得与此人同时哉！"（《史记·司马相如列传》）——"上"，皇帝。"朕"，皇帝的自称。"独"，偏偏。

（三）子曰："南人有言曰：'人而无恒，不可以作巫医。'
善夫！"（《论语·子路》）——"而"，连词，如果。"巫医"，
古代用祈祷的方术给人治病的人。

（四）率天下之人而祸仁义者，必子之言夫！（《孟子·
告子上》）——"祸"，危害，糟踏。

"哉"、"夫"等表示感叹的语气词和现代汉语的"啊"（呀）
相当。

7 祈使语气——也、矣、乎、来

祈使语气是说话人表示劝请、命令或禁止的语气，以支配行
动为目的。古代汉语常用的表示祈使的语气词有"也"、"矣"、
"乎"、"来"等字，常用的表示祈使语气的副词有"愿"、
"请"、"惟"（唯）、"其"等字。例如：

（一）公子有德于人，愿公子忘之也！（《史记·魏公子
列传》）

（二）侯生曰："公子勉之矣！老臣不能从。"（同上）

（三）或谓太子曰："……子其行乎！"（《左传·僖公四年》）

（四）子曰："由，诲女知之乎！……"（《论语·为政》）

（五）虽然，若必有以也。尝以语我来！（《庄子·人间
世》）——虽然如此，你一定是有原因的，〔可以〕试着把它告诉
我吧！

（六）吾子其无废先君之功！（《左传·隐公三年》）

（七）唯大王与群臣孰计议之！（《史记·廉颇蔺相如列
传》）——"孰"，即"熟"。希望大王您和您手下的大臣们仔
细地考虑商议一下这件事情。

（八）我二十五年矣，又如是而嫁，则就木焉，请待子！
（《左传·僖公二十五年》）

注意：表示祈使语气的"愿"、"请"等词，比起它们原来的动词意义来，已经在很大程度上虚化了，所以把它们看成表示祈使语气的副词。

8 语气词的连用

在古代汉语里常常有两三个语气词连用的情况，连用的语气词都分别担负了表达语气的任务，不过语气的重点一般是落在最后一个语气词上。

下面是两个语气词连用的例子：

（一）友也者，友其德也。（《孟子·万章下》）——"友"，结交。

在这个例子里，"也"字表示延宕，"者"字表示提示，语气的重点落在"者"字上。

（二）女为《周南·召南》矣乎？（《论语·阳货》）——你研究过《周南·召南》了吗？

在这个例子里，"矣"字表示"已然"，"乎"字表示疑问，语气的重点落在"乎"字上。

（三）莫我知也夫！（《论语·宪问》）

在这个例子里，"也"字表示"确认事实"，"夫"字表示感叹，语气的重点落在"夫"字上。

（四）吾纵生无益于人，吾可以死害于人乎哉！（《礼记·檀弓上》）——我纵然活着对别人没有好处，我难道可以死后对人有害吗？

在这个例子里，"乎"字表示反问，"哉"字表示感叹，语气的

77

重点落在"哉"字上。

下面是三个语气词连用的例子：

（一）吾罪也乎哉！吾亡也。（《左传·僖公二十五年》）
在这个例子里，"也"字表示陈述，"乎"字表示自问，"哉"
字表示感叹，语气的重点落在"哉"字上。

（二）鄙夫 可 与 事 君也与哉！（《论语·阳货》）——
"鄙夫"，没有教养的人，孔子在这里指的是那些患得 患 失的小
人。患得患失的小人，可以跟他一起事奉君王吗？
在这个例子里，"也"字表示陈述，"与"字表示反问，"哉"
字表示感叹，语气的重点落在"哉"字上。

从上面例子里可以看出，直陈语气词的后面可以连用其它语
气词，而其它语气词的后面不可以连用直陈语气词。

课 文

1.子谓子贡①曰："女与回也孰愈②？"对曰："赐也何敢望③回？回也闻一以知十④,赐也闻一以知二。"子曰："弗如也⑤,吾与女⑥弗如也。"(《论语·公冶长》)

【注解】

①子贡姓端木,名赐,是孔子的学生。

②"女与回也孰愈?""愈",贤,好。"也",表示停顿的语气词.下面三句中的"也"字的用法也一样。

③"何敢",怎么敢。"望",比。

④"闻一以知十"的"以"是个连接词,它把"闻一"和"知十"这两件事情连接起来,并且表示后一件事情是前一件事情的 结果,当"以至"讲。"闻一以知二"的"以"字用法相同。

⑤"弗如也",在古代汉语里,一般地说,"弗"并不完全等于"不",而是等于"不之","弗如也"就是"不之如也",这个隐含的"之"字指代上文的"颜回"。"也"是表示直陈语气的语气词,下句的"也"字用法相同。

⑥"吾与女"的"与"字有两个讲法:第一种是当"和"讲,第二种是当"许"讲,类似赞同的意思。如果采取第二种讲法,要在"女"字下加逗号,这样意思才清楚。

【解题】

颜回在学习上能举一反三,触类旁通,因而受到了孔子和子贡的称赞。

2.哀公①问弟子孰②为好学,孔子对曰："有颜回者好学③,不迁怒,不贰过④,不幸短命死矣。今也则亡⑤,未⑥闻好学者也。"(《论语·雍也》)

79

【注解】

①哀公是春秋时鲁国的君王。

②"孰"这儿当"那一个"讲,用来询问人。

③"有颜回者好学",这是一个用"有"字开头的无主语句,这个"有"字一般用来介绍上文没有出现过的,对听者(或读者)说来是生疏的新鲜的人物。这儿的"者"字是表示提顿的语气词,是为了着重点出"颜回"的。

④"不贰过",不重复犯过错。

⑤"亡",同"无",没有,是否定"有"的。

⑥"未",没有,否定某一动作行为曾经发生。

【解题】

这一章写的是孔子对颜回的才德的估价,和对他短命的惋惜。颜 回 的"好学,不迁怒,不贰过"的品质是值得学习的。

3.齐宣王①问曰:"人皆谓②我毁明堂,毁诸③,已乎?"孟子对曰:"夫明堂者④,王者⑤之堂也。王欲行王政⑥,则勿毁之矣。"……(《孟子·梁惠王下》)

【注解】

①齐宣王,战国时齐国的君王,姓田氏,名辟疆。

②"谓",劝说。

③"诸"是兼词,等于"之乎",其中隐含的"之"字指代上文的"明堂"。

④"夫明堂者",据旧注,这儿的明堂指泰山下的明堂,周王到东方视察时,在这个明堂里接见诸侯。这儿的"夫"字,前人管它叫发语词,在议论开端的地方常常用它,它表示语句属于议论的性质。其实这种用法的"夫"字也还是多少带有一点儿指示作用的。这儿的"者"字用在主语"明 堂"后面,表示提顿,唤起听者(或读者)注意下文对"明堂"所作的解释。

⑤"王者"的"王"(wàng,ㄨㄤˋ),是动词,意思是"做王"。

⑥"王政"就是"仁政","行王政"就是采取于民有利的政治措施。

【解题】

孟子认为"明堂"是"行王政者"之堂,他劝齐宣王不要毁掉明堂,就是劝齐宣王"行王政"。"王政"就是孟子所理想的政治——仁政。孟子反对当时的兼并战争，主张减轻人民的经济负担，减少刑罚，使人民能过安居乐业的生活，并对人民加以教育。这些虽然是为了缓和阶级矛盾、巩固贵族阶级统治而提出的，但孟子也表示了对人民的同情。他的主张如果能够实现，也确实能给当时处在水深火热之中的人民带来很大好处。

4.孟子曰："天时不如地利，地利不如人和。三里之城，七里之郭①，环②而攻之而不胜。夫环而攻之，必有得天时者矣，然而不胜者③，是天时不如地利也。城非不高也，池④非不深也，兵革非不坚利也，米粟非不多也，委⑤而去之，是地利不如人和也。故曰：域民不以封疆之界⑥，固国不以山谿之险⑦，威天下不以兵革之利。得道⑧者多助，失道者寡助。寡助之至，亲戚畔之；多助之至，天下顺之⑨。以天下之所顺，攻亲戚之所畔⑩，故君子有不战⑪，战必胜矣。"（《孟子·公孙丑下》）

【注解】

① "郭"，外城。

② "环"，围绕。

③ "然而不胜者"，这儿的"然而"应该分开来理解，"然"等于"如此"，"而"表示转折。这儿的"者"字用在结果小句之后表示提顿，以唤起听者（或读者）注意下文原因小句所作的解释。

④ "池"，护城河。

⑤ "委"，抛弃。

⑥ "域"，拘限，限制，范围，这儿用作动词。"域民"就是限制人民〔居留在本国境内〕。"封疆之界"就是疆界（国境线）。

⑦ "固国"，巩固国家。"谿"，两山之间的水。

⑧ "得道"的"道"指"仁""义"一类的东西。

⑨ "寡助之至"、"多助之至"，"之至"，到了极点。旧有一说：这两个"至"字或作"主"。"亲戚"，父母。"畔"，叛离。

⑩ "以天下之所顺，攻亲戚之所畔"，这两句译成现代汉语就是："凭天下人所顺从的〔君王〕,攻打父母所叛离的〔君王〕。"

⑪ "故君子有不战"的"有"字跟现代的"除非""要就"相当。

【解题】

　　孟子说明了战争胜负的决定性条件是"人和"，也就是人心所向；至于"天时"、"地利"那都是次要的,因而孟子提示统治者：要想取得战争的胜利，就得争取"多助"，使"天下顺之"。孟子的这种观点虽然是从统治阶级的利益出发的，但他也看到了人民群众的力量，这在孟子生活的时代里，还是不容易的。

　　5.齐宣王问曰："汤放桀，武王伐纣①，有诸？"孟子对曰："于传有之②。"曰："臣弑③其君可乎？"曰："贼④仁者谓之贼，贼义者谓之残；残贼之人⑤，谓之一夫⑥。闻诛一夫纣矣，未闻弑君也。"（《孟子·梁惠王下》）

【注解】

①"汤"，指商汤，商代的开国之君；"武王",周武王，灭商而取天下。在孟子看来,这两人都是古代的贤君。"桀"指夏桀，夏代的亡国之君；"纣"，指商纣，商代的亡国之君。在孟子看来,这两个人都是古代的暴君。"放"、放逐。历史上记载夏桀被商汤放逐而死。

②"于传有之"，意思是"在古文献中有这件事"。

③"弑",杀。古时臣杀君,子杀父叫做"弑"。

④"贼"当"害"讲，动词。

⑤"残贼之人"，即伤仁害义的人。

⑥"一夫"，众叛亲离不得民心的君主。

【解题】

这一章反映了孟子思想中具有民主性的一面,他认为君王如果伤仁害义，残害人民，就不配称为君，人民就可以杀掉他。

6.滕文公问曰："滕，小国也，间于齐楚①。事齐乎，事楚乎？"孟子对曰："是谋②非吾所能及③也。无已④，则有一焉：凿斯池也，筑斯城也，与民守之，效死⑤而民弗去，则是可为也。"（《孟子·梁惠王下》）

【注解】

①"间于齐楚"，处在齐楚两国之间。这儿的"间"（jiàn，ㄐㄧㄢˋ）是动词，意思是处在中间。

②"谋"，计谋，策略。

③"及"，用在这儿当"想得到"讲，是动词。

④"无已"，不得已。

⑤"效死"，尽死力，准备贡献生命。

【解题】

孟子认为不论国家大小，都应该团结人民自卫，以保持国家的独立。不要事奉大国，徒然受人奴役。

7.赵襄子①饮酒，五日五夜不废酒②，谓侍者曰："我诚邦士③也，夫饮酒五日五夜矣，而殊不④病！"优莫曰："君勉之！不及纣二日耳！纣七日七夜，今君五日。"襄子惧，谓优莫曰："然则⑤吾亡乎？"优莫曰："不亡。"襄子曰："不及纣二日耳，不亡何待？"优莫曰："桀纣之亡也，遇汤武，今天下尽桀也，而君纣也，桀纣并世，焉⑥能相亡！然亦殆⑦矣！"（《新序·刺奢》）

【注解】

①赵襄子，名无恤，赵简子的次子。

②"废酒"，停止饮酒。

③ "邦士"，国中杰出的人。

④ "殊不"，意思是 "一点也不"。

⑤ "然则"，在这里应该分开来理解："然"，〔既然〕如此；"则"，那末。

⑥ "焉能"，哪能。

⑦ "殆"，危险。

【解题】

赵襄子的侍者优莫所说 "天下尽桀" 这句话，说明当时所有的统治者都是生活腐化、追求享受、剥削压榨人民的，因此，在一定程度上暴露出当时社会的黑暗。

8.鲁人身①善织屦②，妻善织缟③，而欲徙于越。或谓之曰："子必穷矣。"鲁人曰："何也？"曰："屦为履之也，而越人跣行，缟为冠之也，而越人被发④。以子之所长，游于不用之国，欲使无穷⑤，其可得乎⑥？"（《韩非子·说林上》）

【注解】

① "身"，自己。

② "屦"（jù，ㄐㄩ），古代的一种草鞋。

③ "缟"（gǎo，ㄍㄠ），白色的生绢。根据《礼记》的说法，只有周人才用缟做帽子。

④ "冠"，是名词，这儿当动词用，就是 "戴〔帽〕"。"跣"（xiǎn，ㄒㄧㄢ），光着脚。"被发"，就是 "披发"。

⑤ "欲使无穷"，就是 "欲使之无穷"，这儿省略了代词 "之" 字。但须注意，这个被省略的 "之" 字不是指第三身的人或事物，而是指说话的对方（鲁人夫妇）。

⑥ "其可得乎"，难道可能吗？

【解题】

这个故事，说明一个人做事要从客观需要出发。作社会上所不需要的事情，是没有什么价值的。

9.晋平公①问于师旷②曰："吾年七十，欲学，恐已暮矣。"师旷曰："何不炳烛③乎？"平公曰："安④有为人臣而戏其君乎？"师旷曰："盲臣安敢戏 君 乎⑤？臣闻之，少而好学，如日出之阳；壮而好学，如日中之光；老而好学，如炳烛之明：炳烛之明，孰与昧行乎⑥？"平公曰："善哉！"⑦（《说苑·建本》）

【注解】

①晋平公，名彪，悼公之子。

②师旷，乐师，名旷。

③"炳烛"，燃点蜡烛。

④"安"，哪儿，哪里。

⑤"盲臣安敢戏君乎"，"盲臣"，师旷是盲乐师，所以自 称 盲臣。"戏君"，意思是"跟您君王开玩笑"。

⑥"孰与昧行乎"，"昧行"，昏昧的行动，这句话的意思是："和昏昧地行动相比较怎么样？"

⑦"善哉"，其中的"哉"是感叹语气词，与现代汉语的"啊"相当。

【解题】

师旷认为人老了学习虽然晚了些，但仍比不学习强，因而主张人应该不断地进行学习，要"活到老，学到老"。

10.晋文公①之时，宰臣上炙②，而有发绕之。文公召宰人而谯③之曰："女欲寡人之哽④耶？奚为以发绕炙？"宰人顿首⑤再拜，请曰："臣有死罪三：援⑥砺⑦砥⑧刀，利犹干将⑨也，切肉肉断，而发不断，臣之罪一也；援木而贯⑩脔⑪，而不见发，臣之罪二也；奉炙炉炭⑫，火尽赤红，而炙熟而发不焦，臣之罪三也。堂下得微⑬有疾⑭臣

者乎？"公曰："善"。乃召其下而谯之，果然⑮，乃诛⑯之。（《韩非子·内储说下》）

【注解】

①晋文公，献公次子，名重耳，春秋时五霸之一。

②"宰臣"，掌管君王伙食的官，就是下文的"宰人"。"炙"（zhì，业'），烤肉。

③"谯"（qiào，〈丨幺'），大声责骂。

④"哽"，噎。

⑤"顿首"，叩头至地。

⑥"援"，操拿。

⑦"砺"，磨刀石。

⑧"砥"，也是一种磨刀石，这儿当"磨"讲。

⑨"干将"，古代传说：干将和他的妻子莫邪是铸剑的能手，后来，"干将"一词成为锋利的剑的别名。

⑩"贯"，穿。

⑪"脔"（luán，力ㄨㄢ'），切成小块的肉。

⑫"奉炙炉炭"，"奉"，捧。"奉炙炉炭"就是"奉炙于炉炭"，这儿省略了"于"字，这种省略的情况，古代汉语里常常见到。

⑬"得微"，就是"得无"，"只怕"，是表示测度语气的副词。

⑭"疾"，憎恨。

⑮"果然"，果真如此，果然如宰臣所说。

⑯"诛"，杀。

【解题】

这个故事暴露了统治阶级的残酷和互相谋害的内部矛盾。

11.子在川上，曰："逝者①如斯②夫③！不舍④昼夜。"（《论语·子罕》）

【注解】

①"逝者"，过往的〔事物〕。

② "如斯"，象这（指"水"）。

③ "夫"字用在句尾，是表示感叹的语气词，相当现代的"啊"。

④ "不舍"，不停息。

【解题】

孔子指出事物是变化发展的，如同流水一样，昼夜不停。这反映出孔子思想中具有一定的朴素的辩证法的因素。

12.子曰："已矣乎①！吾未见能见其过而内自讼者②也③。"（《论语·公冶长》）

【注解】

①"已矣乎"，"已"，止，这里有算了的意思。"矣乎"是两个语气词连用，表示强烈的感叹，语气重点在"乎"上。

②"能见其过而内自讼者"，意思是能够看见他自己的错误就在内心里责备自己的人。"讼"，责备。

③"也"，表示直陈语气的语气词。

【解题】

孔子认为一个人发现了自己的错误，就应该及时地检查自己，责备自己，改正错误。但是这种人在当时很少见，所以孔子很慨叹。

13.子夏之徒问于子墨子①曰："君子有斗②乎？"子墨子曰："君子无斗。"子夏之徒曰："狗狶③犹④有斗，恶⑤有士而无斗矣？"

子墨子曰："伤矣哉⑥！言则称于汤文，行则譬于狗狶⑦，伤矣哉！"（《墨子·耕柱》）

【注解】

①子夏，姓卜，名商，子夏是他的字，是孔子的学生。"徒"，门徒，弟子。"子墨子"，就是墨子，古代唯物主义的思想家，墨家的创始人。

②"斗"，斗争。

87

③ "豨"（xī，ㄒㄧ），同"豨"，猪。

④ "犹"，尚且，还。

⑤ "恶"，何，哪儿，"恶……矣"前后呼应表示反问 语气。

⑥ "伤矣哉！"可悲啊，"矣哉"两个语气词连用，语气重点在"哉"字上。

⑦ "言则称于汤文，行则譬于狗豨"，这两个"则"字分别用 在这两个句子的相应的位置上，表示对待关系。前一个"则"字可译成"就"（也可不译），后一个"则"字可译为"却"。

【解题】

儒家和墨家是中国古代两个对立的学派，他们之间的斗争非常 激烈，这一章写的是墨家对儒家的攻击和嘲讽。

14. 孟子曰："伯夷①辟纣，居北海 之滨②。闻文王作③，兴④曰：'盍归乎来⑤！吾闻西伯善养老 者。'太公⑥辟纣，居东海之滨。闻文王作，兴曰：'盍归乎 来！吾闻西伯善养老者。'二老者，天下之大老也，而归之，是天下之父归之也。天下之父归之，其子焉往⑦？诸侯有行文王之政者⑧，七⑨年之内必为政于天下矣。"（《孟子·离娄上》）

【注解】

① "伯夷"，商末隐者。

② "滨"，水边。

③ "闻文王作"，这个"作"字当"起"讲，意思就是 出来为政 行王道。"文王"即周文王，即下文的"西伯"。

④ "兴"，就是"闻风兴起"的"兴"，当"起来"讲。

⑤ "盍归乎来"，"盍"等于"何不"，是一个兼词。"归"，归从，归附。"乎来"是语气词。

⑥ "太公"，就是姜尚，亦称姜太公。

⑦ "其子焉往"，译成现代的说法就是"他们的儿子去哪儿"。

⑧ "诸侯有行文王之政者"，"有"前的成分"诸侯"和"有"后的成分"行文王之政者"为整体和部分的关系。

⑨ "七"是虚数，表示"多"的意思。

【解题】

在这一章里，孟子告诉给统治者：如果想"为政于天下"，那就必须"行文王之政"。这里所谓的"文王之政"也就是"仁政"。

孟子想用周朝初年的"文王之政"来治理战国时代的天下，这当然是不可能的事，因为时代不同，历史条件不同。孟子这样提，显然是复古主义。

第 四 课

语　　法

1 普通名词用作动词

2 方位名词用作动词

3 使动用法

4 意动用法

5 普通名词充当状语

6 时间名词充当状语

1 普通名词用作动词

在古代汉语里，有些名词可以用作动词。例如：

（一）秦军军武安西。（《史记·廉颇蔺相如列传》）

（二）于诸侯之约，大王当王关中，关中民咸知之。（《史记·淮阴侯列传》）——在诸侯的盟约上，大王你应该统治关中，关中的人民都知道这事。

（三）左右欲刃相如，相如张目叱之，左右皆靡。（《史记·廉颇蔺相如列传》）——"叱"（chì，彳），大声斥骂，"靡"（mí，ㄇ丨），吓退。

（四）范增数目项王。（《史记·项羽本纪》）

（五）岂吾相不当侯邪？且固命也？（《史记·李将军列传》）——难道我的像貌不应该被封为侯吗？还是本来是我的命运呢？

90

（六）军垒成，秦人闻之，悉甲而至。（《史记·廉颇蔺相如列传》）——〔赵国赵奢的〕军垒筑成了，秦人听说了这事，全都穿上铠甲赶来。

例（一）"军武安西"的"军"字当"驻扎"讲，是名词用作动词，后面有表示处所的词语"武安西"作为宾语。例（二）"当王关中"的"王"字当"统治"讲，是名词用作动词，前面有助动词"当"字，后面有处所词"关中"作宾语。例（三）"欲刃相如"的"刃"字原义是古兵器锋利的部分，这儿当"砍杀"讲，是名词用作动词，前面有助动词"欲"字，后面有人名"相如"作为宾语。例（四）"数目项王"的"目"字当"看"讲（在这儿有"用眼色示意"的意思），前面有副词"数"字作为状语，后面有人名"项王"作为宾语。例（五）"不当侯"的"侯"字当"封为侯"讲，是名词用作动词，前面有副词"不"字作为状语，又有助动词"当"字。例（六）"悉甲而至"的"甲"字原义是"铠甲"，这里当"穿上铠甲"讲，是名词用作动词，前面有副词"悉"字作为状语；后面有连词"而"字跟动词"至"字连接起来，表示在时间上一先一后的动作行为。

名词用作动词，是名词在其本义转化的情况下的活用。在古代汉语里，究竟哪些名词可以用作动词，哪些名词不可以用作动词，这完全决定于古代的语言习惯，现在已经很难考查。我们鉴别一个名词在句中是不是用作动词，需要从整个句子的意思来考虑，同时还要注意它在句中的地位，以及它前后有哪些词类的词和它相结合，和它构成什么样的句法关系。

2 方位名词用作动词

古代汉语除普通名词能用作动词外，方位名词也可以用作动词。例如：

（一）王曰："吾亦欲东耳，安能郁郁久居此乎？"（《史记·淮阴侯列传》）——我也打算到东方去呢，哪儿能沉闷地长久呆在这里呢？

（二）汉败楚，楚以故不能过荥阳而西。（《史记·项羽本纪》）——"以故"，当"因为这个缘故"或"因此"讲。

（三）卫鞅复见孝公，公与语，不自知䣛之前于席也。（《史记·商君列传》）——"䣛"，膝。卫鞅又去见秦孝公，孝公跟他谈话，自己都没觉察到两膝向前移动到〔卫鞅的〕坐席上去。

（四）语曰："骐骥之衰也，驽马先之；孟贲之倦也，女子胜之。"（《战国策·齐策》）——"骐骥"（qí，ㄑㄧˊ；jì，ㄐㄧˋ），良马。"驽马"（"驽"nú，ㄋㄨˊ），劣马。孟贲，相传是战国时代的一个勇士。

（五）滕侯曰："我，周之卜正也；薛，庶姓也；我不可以后之。"（《左传·隐公十一年》）——"卜正"，卜官之长。"庶姓"，跟周天子不同姓的国家。

（六）语曰："日中则移，月满则亏。"（《史记·范睢蔡泽列传》）——俗语说："太阳运行到中天就渐渐偏斜，月亮圆了就渐渐亏缺。"

例（一）"吾亦欲东"的"东"字，意思是"到东方去"，是方位名词用作动词，前面有助动词"欲"字。例（二）"不能过荥阳而西"的"西"字，意思是"到西方去"，是方位名词用作动词，前面有连词"而"字跟动词"过〔荥阳〕"连接起来，表示在时间上一先一后的动作行为。例（三）"䣛之前于席"的"前"

字，意思是"向前移动"，是方位名词用作动词，后面有介宾词组"于席"作为处所补语，它前面的"之"字放在主语"郤"和谓语"前于席"之间，取消这个小句的独立性，因为它充当了动词"知"的宾语。例（四）"驽马先之"的"先"字，意思是"跑在前面"，是方位名词用作动词，后面有代词"之"字（指代骐骥）作为宾语。例（五）"我不可以后之"的"后"字，意思是"排在后面"，是方位名词用作动词，前面副词"不"字作为状语，又有助动词"可以"；后面有代词"之"字（指代薛侯）作为宾语。例（六）"日中则移"的"中"字，意思是"运行到中天"，也是方位名词用作动词。

方位名词用作动词，是方位名词在其本义转化的情况下的活用。在古代汉语里，方位名词大部可以用作动词。我们鉴别一个方位名词在句中是不是用作动词，和鉴别一个普通名词在句中是不是用作动词一样，需要从整个句子的意思来考查，同时还要注意它在句中的地位，以及它前后有哪些词类的词和它相结合，和它构成什么样的句法关系。

3 使动用法

所谓使动用法是指某些词的这样一种用法，就是它能使得宾语所表示的事物产生某一种行为，或者具有某一种性质状态，或者成为某一种事物。在古代汉语里，动词、形容词和名词都可以有使动用法，下面分别讨论。

第一，动词的使动用法。这种使动用法的动词放在宾语前面，使得宾语所表示的事物产生这个动词所表示的行为。例如：

（一）后子孙饮马于河。（《史记·封禅书》）

（二）尝人，人死；食狗，狗死。（《吕氏春秋》）

（三）魏其子尝杀人，蚡活之。（《史记·魏其武安侯列传》）

（四）然嬴欲就公子之名，故久立公子车骑市中。（《史记·魏公子列传》）——"就"，成就。"故"，故意。

（五）公子率五国之兵，破秦军于河外，走蒙骜。（同上）

例（一）"饮马"就是"使马饮"；例（二）"尝人"就是"使人尝"，"食狗"就是"使狗食"：都是及物动词的使动用法。例（三）"活之"就是"使之活"；例（四）"立公子车骑"就是"使公子车骑立"；例（五）"走蒙骜"就是"使蒙骜走"（把蒙骜赶走）：都是不及物动词的使动用法。

在古代汉语里，及物动词的使动用法，非常少见。

第二，形容词的使动用法。这种使动用法的形容词放在宾语前面，使得宾语所表示的事物具有这个形容词所表示的性质或状态。例如：

（一）君子正其衣冠。（《论语·尧曰》）

（二）高其闬闳，厚其墙垣。（《左传·襄公三十一年》）——"闬"（hàn，ㄏㄢˋ），大门。"闳"（hóng，ㄏㄨㄥˊ），里巷之门。

（三）冬，浚洙。浚洙者，深洙也。（《谷梁传·庄公九年》）——"浚"（jùn，ㄐㄩㄣˋ），挖深水道，使之疏通。

（四）臣修身洁行数十年，终不以监门困故而受公子财。（《史记·魏公子列传》）——"终"，毕竟。

（五）能富贵将军者，上也。（《史记·魏其武安侯列传》）

例（一）"正其衣冠"就是"使其衣冠正"；例（二）"高其闬闳"就是"使其闬闳高"，"厚其墙垣"就是"使其墙垣厚"；

例（三）"深洙"就是"使洙深"；例（四）"洁行"就是"使行洁"（使操行廉洁）；例（五）"富贵将军"就是"使将军富贵"：都是形容词的使动用法。

在古代汉语里，形容词的使动用法常常见到。

第三，名词的使动用法。这种使动用法的名词放在宾语的前面，使得宾语所表示的事物成为这个名词所表示的事物。例如：

（一）纵江东父兄怜而王我，我何面目见之？（《史记·项羽本纪》）——即使江东父兄同情我并且让我作王，我又有什么脸面来见他们呢？

（二）太后岂以为臣有爱，不相魏其？（《史记·魏其武安侯列传》）——你难道以为我有什么吝惜，不让魏其侯做丞相吗？"臣"，孝景帝对太后自称"臣"。

（三）公若曰："尔欲吴王我乎？"（《左传·定公十年》）

例（一）"王我"就是"使我为王"；例（二）"不相魏其"就是"不使魏其为相"；例（三）"吴王我"就是"使我为吴王"（让我变成为吴王）：都是名词的使动用法。

这里还要附带讨论一下方位名词的使动用法，这种使动用法的方位名词放在宾语前面，使得宾语所表示的事物按照这个方位名词所表示的方位行动。例如：

故王不如东苏子，秦必疑齐而不信苏子矣。（《史记·苏秦列传》）

"东苏子"就是„使苏子东"（让苏代到东方齐国去）。这是方位名词的使动用法。

在古代汉语里，名词和方位名词的使动用法，也比较少见。

4 意动用法

　　所谓意动用法是指某些词这样一种用法，就是它表示当事人主观上认为宾语所表示的事物具有某一种性质状态，或者成为某种事物。——在古代汉语里，形容词和名词都可以有意动用法，下面分别讨论。

　　第一，形容词的意动用法。这种意动用法的形容词放在宾语前面，表示当事人主观上认为宾语所表示的事物具有这个形容词所表示的性质或状态。例如：

　　（一）项梁然其言。（《史记·项羽本纪》）

　　（二）滕公奇其言，壮其貌，释而不斩。（《史记·淮阴侯列传》）——"释"，释放。

　　（三）吾妻之美我者，私我也；妾之美我者，畏我也；客之美我者，欲有求于我也。（《战国策·齐策》）——"私"，偏袒。例（一）"然其言"就是"以其言为然"；例（二）"奇其言"就是"以其言为奇"，"壮其貌"就是"以其貌为壮"；例（三）"美我"就是"以我为美"：都是形容词的意动用法。

　　在古代汉语里，形容词的意动用法，常常见到。

　　第二，名词的意动用法，这种意动用法的名词放在宾语前面，表示当事人主观上把宾语所表示的事物看成为这个名词所表示的事物。例如：

　　（一）友风而子雨。（《荀子·赋篇·云赋》）

　　（二）夫人之，我可以不夫人之乎？（《穀梁传·僖公八年》）

　　（三）孟尝君客我。（《战国策·齐策》）例（一）"友风"就是"以风为友"，"子雨"就是"以雨为子"；

例（二）"夫人之"就是"以之为夫人"；例（三）"客我"就是"以我为客"：都是名词的意动用法。

以上讨论了古代汉语中的使动用法和意动用法。

这里需要特别注意的是，在古代汉语里，同样一个词有时是使动用法，有时是意动用法，这必须依据一定的上下文才能识别。例如同样一个"小"字，是形容词，在下面两个例子里的用法是不一样的：

（一）工师得大木，则王喜；匠人斲而小之，则王怒。（《孟子·梁惠王下》）——"斲"（zhuó，ㄓㄨㄛˊ），砍削。

（二）孔子登东山而小鲁，登太山而小天下。（《孟子·尽心上》）

在例（一）"斲而小之"里，"小"字是使动用法，就是"使之小"；在例（二）"小鲁"、"小天下"里，"小"字是意动用法，就是"以鲁为小"、"以天下为小"。

5 普通名词充当状语

在古代汉语里，普通名词可以充当状语。作为动词的状语，这有两种用法：

第一，以普通名词所表示的事物的行动特征，来修饰动词所表示的动作行为的状态。例如：

（一）其后秦稍蚕食魏，十八岁而虏魏王，屠大梁。（《史记·魏公子列传》）——"十八岁"，指上距信陵君之死十八年。

（二）子产治郑二十六年而死，丁壮号哭，老人儿啼。（《史记·循吏列传》）

（三）范雎大供具，尽请诸侯使，与坐堂上，食饮甚设。

而坐须贾于堂下，置莝豆其前，令两黥徒夹而马食之。(《史记·范雎蔡泽列传》)——"大供具"，大摆筵席。"食饮甚设"，吃的喝的摆得很多。"莝"(cuò，ㄘㄨㄛˋ)，切碎的草料。"黥徒"，受过刺面刑罚的罪人（这儿指马夫）。

例（一）"蚕食"，意思是象蚕吃桑叶似的逐渐侵蚀；例（二）"儿啼"，意思是象小孩似的啼哭；例（三）"马食之"，意思是让他（须贾）象马似的吃莝豆。

　　第二，把动词的宾语当作普通名词所表示的事物来对待。例如：

　　　　（一）今而后知君之犬马畜伋。(《孟子·万章下》)

　　　　（二）楚田仲以侠闻，喜剑，父事朱家。(《史记·游侠列传》)——"闻"，出名。

　　　　（三）齐将田忌善而客待之。(《史记·孙子吴起列传》)

例（一）"犬马畜伋"，意思是把伋当作犬马养畜；例（二）"父事朱家"，意思是把朱家当作父亲事奉；例（三）"客待之"，意思是把他当作客人接待。

　　上述普通名词充当状语的两种用法，在形式上没有区别，我们只能根据具体的上下文来识别它们的用法。

6 时间名词充当状语

　　这里所讨论的充当状语的时间名词，是指"日"、"月"、"岁"而言，它们有三种用法：

　　第一，"日"、"月"、"岁"放在具有行动性的动词前面，表示"每日"、"每月"、"每岁（年）"的意思。例如：

　　　　（一）汉皆已入彭城，收其货宝美人，日置酒高会。(《史记·项羽本纪》)——"收"，没收。"置酒高会"，摆酒席大会宾客。

（二）荆轲嗜酒，日与狗屠及高渐离饮于燕市。（《史记·刺客列传》）

（三）良庖岁更刀，割也；族庖月更刀，折也。（《庄子·养生主》）——"良庖"，技术好的厨师。"族庖"，众庖，一般的厨师，普通的厨师。"割"，割肉。"折"，用刀硬把牛骨劈折。

例（一）"日置酒高会"，意思是每日都置酒高会；例（二）"日与狗屠及高渐离饮于燕市"，意思是每天都跟狗屠及高渐离饮于燕市；例（三）"岁更刀"，"月更刀"，意思是每年更换刀，每月更换刀。

时间名词放在具有行动性的动词前面，乃是表示行动的频数或经常的。

第二，"日"字放在表示性质变化的动词或形容词的前面，当"一天天地"讲。例如：

（一）田单兵日益多，乘胜，燕日败亡。（《史记·田单列传》）

（二）其友皆好仁义，淳谨畏令，则家日益，身日安，名日荣，处官得其理矣。（《墨子·所染》）——"淳谨"，淳朴谨慎。"得其理"，得其道。

例（一）"兵日益多"，意思是兵力一天天地更加多起来，"燕日败亡"，意思是燕国一天天地败亡；例（二）"家日益"，意思是家庭一天天地富裕起来，"身日安"，意思是身体一天天地安泰起来，"名日荣"，意思是名声一天天地光荣起来。

时间名词"日"字放在表示性质变化的动词或形容词的前

面，乃是表示情态的逐渐发展的。

第三，"日"字用在句首主语之前，当"往日"讲。例如：

（一）日君以夫公孙段为能任其事，而赐之州田。（《左传·昭公七年》）——"君"，指晋君。

（二）日起请夫环，执政弗义，弗敢复也。（《左传·昭公十六年》）——"弗义"，不以为宜。"复"，复求。

这种用法是用来追溯过去的。

课　　文

1.孔子既得合葬于防①，曰："吾闻之，古也墓而不坟②。今丘也，东西南北之人也，不可以弗识③也。"于是封④之，崇⑤四尺。孔子先反，门人后，雨甚⑥。至。孔子问焉，曰："尔来何迟也？"曰："防墓崩⑦。"孔子不应⑧。三。孔子泫然⑨流涕曰："吾闻之，古不修墓。"（《礼记·檀弓上》）

【注解】

①"防"，春秋鲁国的防山，在今山东曲阜县东。

②"古也墓而不坟"，根据现代田野考古工作报告，我国殷代和西周的墓葬都还没有坟堆，后来在墓上筑起坟堆，主要是作为墓的标志，其次是为了增加盗墓的困难。这儿的"墓"字和"坟"字都是名词用作动词，意思是"修墓"，"修坟"。

③"识"（zhì，ㄓ），标志，是动词。

④"封"，堆起土来（筑成坟堆）。

⑤"崇"，高。

⑥"雨甚"，下雨下得很大。这儿的"雨"字也是名词用作动词。

⑦"防墓崩"，这儿的"墓"实际上是指"坟"，下文"古不修墓"的"墓"字同。"崩"，塌。

⑧"应"，答。

⑨"泫然"，形容流泪的样子。"泫"（xuàn，ㄒㄩㄢ）。

【解题】

《檀弓》的作者认为孔子违反了古代"墓而不坟"的礼制，因而当孔子听到"防墓崩"以后，感到非常悲痛悔恨。从这段记载里可以看出孔子

101

和《檀弓》的作者都是古代封建礼制的忠实维护者。

　　2．工尹①商阳与陈弃疾追吴师②，及之③。陈 弃 疾 谓工尹商阳曰："王事也，子手弓而可④。"手弓。"子 射诸⑤！"射之，毙一人。韔弓⑥。又及。谓之，又毙二人。每毙一人，揜⑦其目。止其御⑧曰："朝不坐⑨，燕不与⑩，杀三人亦足以⑪反命⑫矣。"孔子曰："杀人之中，又有礼焉。"（《礼记·檀弓下》）

【注解】

　　①"工尹"，楚国的官名。

　　②"吴师"，吴国的军队。

　　③"及之"，这儿的"及"字是动词，当"追上"讲。这儿的"之"字指代上文的"吴师"。

　　④"子手弓而可"，这儿的"手"字是名词用作动词，当"执"（拿）讲。这儿的"而"字可以译为"就"。这句话的意思是：你拿起弓来就可以射了。

　　⑤"子射诸"，这儿的"诸"字等于"之乎"，其中隐含的"之"字指代"吴师"，其中隐含的"乎"字是表示祈使的语气词。

　　⑥"韔弓"的"韔"（chàng，彳尤），原义是"弓衣"（藏弓的袋子），是名词，这儿用作动词。"韔弓"就是把弓放到弓衣里去。

　　⑦"揜"（yǎn，丨丐），同"掩"，遮盖。

　　⑧"御"，驾御车子的人。

　　⑨"朝不坐"，在寝堂朝见君王时不能坐下。（旧说：大夫在寝堂朝见君王时可以坐下。）

　　⑩"燕不与"，君王在寝堂举行招待有功绩的卿大夫的宴会不能登堂参加。（旧说：燕礼，君王献卿大夫之后，在西阶上献士。）

　　⑪"足以"，够。

　　⑫"反命"，回报。

3.子墨子之齐，遇日者①。日者曰："帝以今日杀黑龙于北方，而先生之色黑，不可以北②。"子墨子不听，遂北，至淄水，不遂而反焉。

日者曰："我谓先生不可以北！"子墨子曰："南之人不得北，北之人不得南；其色有黑者，有白者，何故皆不遂也？且帝以甲乙杀青龙于东方，以丙丁杀赤龙于南方，以庚辛杀白龙于西方，以壬癸杀黑龙于北方；若用子之言，则是禁天下之行者也，是围心而虚天下也③。子之言不可用。"（《墨子·贵义》）

【注解】

①"日者"，古代占卜的人。

②"北"，方位名词，在这里用作动词，是"往北去"的意思。以下"南"、"北"与此用法相同。

③"围心而虚天下"，意思是以迷信束缚人心，使天下行人减少。"虚"，形容词，在这里是使动用法。

【解题】

通过墨子与日者的辩论，反映了墨子的唯物主义思想。

4.齐桓公将立管仲为仲父①，令群臣曰："寡人将立管仲为仲父，善者②入门而左③，不善者入门而右。"东郭牙中门④而立。公曰："寡人立管仲为仲父，令曰：善者左，不善者右。今子何为中门而立？"牙曰："以管仲之智为能谋天下乎？"公曰："能。""以断⑤为敢行大事乎？"公曰："敢。"牙曰："若智能谋天下，断敢行大事，君因属之以国柄焉⑥；以管仲之能，乘公之势⑦，

以治齐国,得无⑧危乎?"公曰:"善。"乃令隰朋治内⑨,
管仲治外⑩, 以相参⑪。(《韩非子·外储说左下》)

【注解】

①管仲是春秋时齐桓公的大臣。"仲父"的"父",是尊美之称。

②"善者",以为善的〔人〕,就是赞成的〔人〕。

③"左",方位名词。这里用作动词,就是"往左边走"的意思。下句"不善者入门而右"的"右"与此相同。

④"中门",在门当中。

⑤"以断",等于说"以管仲之断","断"当"果断"讲。

⑥"君因属之以国柄焉","属",托。"国柄",国家大权。"焉",语气词。

⑦"乘公之势","乘",利用。"势",威势。

⑧"得无",只怕,表示测度的语气副词。

⑨隰朋是齐桓公的大臣。"治内",管理内政。

⑩"治外",管理外交。

⑪"相参",互相牵制。

【解题】

东郭牙向齐桓公提出的"内外相参"的办法,是帮助贵族统治者巩固统治地位的,从而反映出统治阶级内部存在着尖锐的矛盾。

5.子路问:"闻斯行诸①?"子曰:"有父兄在,如之何其闻斯行之②?"冉有问:"闻斯行诸?"子曰:"闻斯行之!"公西华曰:"由③也问:'闻斯行诸?'子曰:'有父兄在。'求也问:'闻斯行诸?'子曰:'闻斯行之。'赤也惑,敢问。"子曰:"求也退④,故进之⑤。由也兼人⑥,故退之。"(《论语·先进》)

【注解】

①"闻斯行诸","闻",听到(一件事)。"斯",就。"行诸",

等于说"行之乎"，这儿的"行"字是"做"、"实践"的意思，"之"是指代上文所"闻"的事情。

②"如之何其闻斯行之"，"如之何"，怎么。"其"，是用在句中的表示疑问语气的副词。

③由就是子路，下文求就是冉有，赤就是公西华，都是孔子的学生。

④"退"，逡巡畏缩。

⑤"故进之"，"进"和下文中的"故退之"的"退"都是动词的使动用法。意思就是"使之进"、"使之退"。"故"，所以。

⑥"兼人"，胜人。

【解题】

这一章表现了孔子主张因材施教的教育思想。

附：范文澜先生认为："求也退，故进之；由也兼人，故退之"，是孔子的中庸思想在教育方面的表现。（参看《中国通史简编》修订本131页）

6.仲尼将为司寇①，沈犹氏不敢朝饮其羊②，公慎氏出其妻③，慎溃氏踰境而徙④，鲁之粥⑤牛马者不豫贾⑥，修正以待之⑦也。居于阙党，阙党之子弟罔不必分⑧，有亲者多取，孝悌以化之也。儒者在本朝⑨则美政⑩，在下位则美俗。（《荀子·儒效》）

【注解】

①"司寇"，官名，掌管刑狱。

②"沈犹氏不敢朝饮其羊"，相传沈犹氏常朝饮其羊，增加重量，以诈买主。"饮"，这里是使动用法，"饮其羊"就是"使其羊饮"。

③"公慎氏出其妻"，相传公慎氏的妻淫乱，他不能制止。"出"，也是使动用法，"出其妻"就是"使其妻出"，把他的妻赶跑。

④"慎溃氏踰境而徙"，相传慎溃氏奢侈越法。"踰"，越过。"徙"，迁移。

⑤"粥"同"鬻"（yù，ㄩˋ），卖。

⑥"不豫贾"，就是"不豫价"，这儿的"豫"字当"诳"讲，意思是

价钱不要谎。

　　⑦"修正以待之"，意思是修养品德，端正操行，来等待仲尼。

　　⑧"罔不必分"，"罔"就是"网"，这儿专指用来捕鱼的网。"不"就是"罘"（fú，ㄈㄨˊ），用来捕兽的网。"罔不必分"的意思是捕获的鱼兽必作合理的分配，所以下文接着说"有亲者多取"。

　　注意：这儿不直接说捕获的鱼兽，而说"罔不"，这是修辞性的说法。

　　⑨"本朝"，朝廷。

　　⑩"美政"，这儿的"美"字是使动用法，"美政"就是"使政美"。下文"美俗"的"美"字用法相同。

【解题】

　　这段课文是从《荀子·儒效篇》中节选下来的。荀子是战国时代儒家集大成的人，从上边引的这段材料里，我们可以看出他极力歌颂了孔子的"美德"，说明了"以德服人"的效果。实际上荀子美化了孔子和一般儒者，夸大了个人对政治和风俗所起的作用。

　　7.孟子曰："今有无名之指①，屈而不信②，非疾痛害事也。如有能信之③者，则不远秦楚之路④，为指之不若人⑤也。指不若人，则知恶⑥之；心不若人，则不知恶，此之谓不知类⑦也。"（《孟子·告子上》）

【注解】

　　①"无名之指"，第四个手指。

　　②"屈而不信"，这儿的"信"字就是"伸"字，当"直"讲。这儿的"而"字连接"屈"和"不信"（在意思上"屈"就是"不信"），译成现代汉语时可以不必译出。

　　③"信之"，这个"信"字是使动用法，就是"使之信"（把它弄直）。

　　④"不远秦楚之路"，这儿的"远"字是形容词的意动用法，意思就是"不以秦楚之路为远"。

　　⑤"为指之不若人"，这儿的"为"字是介词，当"因为"讲，这儿的

"之"字用来取消"指不若人"这个小句子的独立性，因为它充当了介词"为"的宾语。

⑥ "恶"（wù，ㄨˋ），憎恶，讨厌。

⑦ "此之谓不知类"，"此之谓"，当"这叫〔做〕"讲，动词"谓"的宾语"此"提到动词前，加"之"字标志。这儿的"类"，指事情的大小、重要和不重要，能分辨这些，就是"知类"，反之就是"不知类"。

【解题】

本章通过对待"指不若人"和"心不若人"的两种不同态度，说明一个人首先要注意自己的思想和道德品质。至于"指不若人"是极其微小的问题，二者不可本末倒置。

8. 孟子曰："诸侯之宝①三：土地，人民，政事。宝珠玉者，殃必及身②。"（《孟子·尽心下》）

【注解】

① "诸侯之宝"的"宝"是名词。下文中"宝珠玉"的"宝"是名词的意动用法，意思是"以珠玉为宝"。

② "殃必及身"的"及"字是动词，意思是"达"，"到"。

【解题】

孟子告诫诸侯不要贪得无厌，只醉心于珠玉；而要重视土地、人民、政事。在这章里，孟子重视了人民，这是他的"贵民"思想的表现。

9. 子曰："巧言、令色、足恭①，左丘明耻之②，丘③亦耻之。匿怨而友其人④，左丘明耻之，丘亦耻之。"（《论语·公冶长》）

【注解】

① "巧言"，花言巧语。"令色"，装出和颜悦色的样子。"足"，过于。"足恭"，过于恭敬，求媚。

② "左丘明耻之"，左丘明和孔子同时，是鲁国的太史，相传孔子作《春秋》，左丘明作《左传》。这儿的"耻"字和下文的"耻"字，都是

107

意动用法，"耻之"，就是以之为耻，认为这可耻。

③ "丘"，孔子自称。

④ "匿怨"，隐藏内心的怨恨。"友"，动词。"匿怨而友其人"的意思是：内心对〔那个〕人怨恨，但表面装成友好的样子。

【解题】

孔子反对"巧言、令色、足恭"和"匿怨而友其人"，这种认识是正确的。

10.齐桓公①问管仲曰："王者何贵②？"曰："贵天。"桓公仰而视天。管仲曰："所谓天者，非谓苍苍莽莽之天也，君人者以百姓为天，百姓与之则安，辅之则强，非之则危，背之则亡。诗云："人而无良，相怨一方③。"民怨其上不遂④亡者，未之有⑤也。"（《说苑·建本》

【注解】

① 齐桓公，名小白，春秋时五霸之首。

② "何贵"，这儿的"贵"字为意动用法，由于宾语是疑问代词"何"，所以放在意动词的前面。"何贵"就是"以何为贵"。

③ "人而无良，相怨一方"，就是说：人（指统治者）不善良，人民就在一旁怨恨他们（指统治者）。这两句诗引自《诗经·小雅·角弓》篇。前人引诗往往断章取义，这两句诗的原意，不一定适用于这里的上下文。

④ "遂"，就；又可以当"终于"讲。

⑤ "未之有"，否定句动词宾语"之"是代词，放在动词"有"的前面。

【解题】

管仲从巩固统治者的政权出发，说出了人民群众的重要，他让君王看清这点，采取措施来缓和阶级矛盾。他的这种看法，客观上对人民还是有好处的。

11.戴盈之①曰："什一②，去关市之征③，今兹④未能；

请轻之⑤，以待来年，然后已。何如？"孟子曰："今有人日攘其邻之鸡者⑥，或告之曰：'是非君子之道。'曰：'请损之，月攘⑦一鸡，以待来年，然后已。'如知其非义，斯速已矣，何待来年？"（《孟子·滕文公下》）

【注解】

①戴盈之，旧说是戴不胜，宋国的大夫。

②"什一"，十分之一（"什"就是"十"），这儿指按照田亩总产量的十分之一征收租税。

③"去"，废除。"关"，关口。"市"，商场。"征"，捐税。

④"今兹"，今年。

⑤"请轻之"，这儿的"请"字是古代汉语里的表示敬让的副词。"轻之"，就是"使之轻"（把它减轻），这个"轻"字是形容词的使动用法。

⑥"今有人日攘其邻之鸡者"，其实是"今有日攘其邻之鸡之人"的倒装。因为定语"日攘其邻之鸡"字数较多，放在中心词"人"之前很累赘，不顺口，所以倒装过来用"者"字煞尾。

⑦"攘"，窃取，"日攘"，天天偷（每天偷），"月攘"，月月偷（每月偷）。"日"、"月"这些时间词放在具有行动性的动词前面，便含有"每日"、"每月"，"天天"、"月月"的意思。

【解题】

从这一章里可以看出孟子是主张减轻人民经济负担的，这是他的"仁政"思想的表现。又"日攘其邻之鸡"的故事告诉人们：发现了自己的错误就要勇敢地、及时地加以改正。

12．子产听郑国之政①，以其乘舆济人于溱洧②，孟子曰："惠而不知为政③。岁十一月徒杠④成，十二月舆梁⑤成，民未病涉⑥也。君子平⑦其政，行辟人可也⑧，焉得人人而济之⑨？故为政者，每人而悦之⑩，日亦不足矣⑪。"

（《孟子·离娄下》）

【注解】

①子产是郑国的大臣公孙侨。"听"，治理。

②"以其乘舆济人于溱洧"，"乘舆"，所乘的车子。"济"当"渡"讲，是动词，这儿是使动用法，"济人"，意思是"使人渡过"。"溱"（zhēn，ㄓㄣ），"洧"（wěi，ㄨㄟˇ）是郑国境内的两条水。

③"惠而不知为政"，意思是子产很仁惠但是不懂得办理政务。"惠"，仁惠。"为政"，办理政务。

④"徒杠"，"杠"（gāng，ㄍㄤ），小桥。"徒杠"，让人徒步通行的小桥。

⑤"舆梁"，可让车辆通行的桥梁。

⑥"涉"，过河。

⑦"平"，治理好，搞好。

⑧"行辟人可也"，"行"，出行。"辟"，同"避"，这儿为使动用法。"辟人"，意思是让人避开。

⑨"焉得人人而济之"，"焉得"，哪里能够。"人人"就是"每人"的意思。这句话里的"而"字，有一种过渡的调协语句音节的作用。

⑩"每人而悦之"，这句话里的"而"字也有一种过渡的调协语句音节的作用，这儿的"悦"字是使动用法，"悦之"，意思是使他们乐意。

⑪"日亦不足矣"，"日"，时间。"不足"，不够。

【解题】

本文表现了孟子对管理国家政事的人的看法。孟子认为：作为一个统治者，应该从大处着眼，从根本问题上着手，也就是他所说的"平其政"。但是孟子批评了子产的"惠"，却是不正确的，因为子产对人民能做到"惠"，和当时那些残暴的统治者比起来，还是可贵的。另外，孟子还认为统治者"行辟人可也"，这是孟子维护等级制度的思想的反映。

第 五 课

语　　法

1 被动的表示法

2 动量的表示法

3 动词的凝固结构

4 特殊的动宾关系

1 被动的表示法

　　古代汉语表示被动的句法，是指借助于一定的表示被动的词而造成的句法。古书上常见的表示被动的句法有以下几种：

　　第一，在动词后面加"于"字，以引进动作行为的主动者。例如：

　　（一）郤克伤于矢，流血及屦。（《左传·成公二年》）——"屦"（jù，ㄐㄩˋ），古代的一种麻鞋。"流血及屦"，血流到麻鞋上。

　　（二）（怀王）故内惑于郑袖，外欺于张仪。（《史记·屈原列传》）——所以楚怀王在国内被郑袖迷惑，在国外被张仪欺骗。

例（一）就动词"伤"来说，主语"郤克"是被动者，"矢"是主动者。例（二）就动词"惑"来说，主语"怀王"是被动者，"郑袖"是主动者；就动词"欺"来说，被动者仍是"怀王"，主动者是"张仪"。从这些例子里，我们可以看出"于"

111

字的用法来。

第二，"见……于……"式。在动词前面加"见"字表示被动，并在动词后面加"于"字，以引进动作行为的主动者。例如：

（一）昔者，弥子瑕见爱于卫君。（《史记·老庄申韩列传》）

（二）臣诚恐见欺于王而负赵，故令人持璧归，间至赵矣。（《史记·廉颇蔺相如列传》）——"间"，暗地里，秘密地。

例（一）就动词"爱"来说，主语"弥子瑕"是被动者，"卫君"是主动者。例（二）就动词"欺"来说，"臣"（蔺相如）是被动者，"王"（秦王）是主动者。这种句法，既在动词前面加"见"字表示动词的被动性，又在动词后面加"于"字以引进动作行为的主动者，因而所表示的被动的意思就更加明显。

在这种句法里，有时只在动词前面加"见"字表示被动。例如：

（三）人曰："妪子何为见杀？"（《史记·高祖本纪》）——"妪"（yù，ㄩˋ），老妇。

（四）故君子耻不修，不耻见汙；耻不信，不耻不见信；耻不能，不耻不见用。（《荀子·非十二子》）

在这种情况下，动作行为的主动者通常是不可知或不必说的。

第三，"为……所……"式。用"为"字引进动作行为的主动者，用"所"字放在动词前面表示被动。例如：

（一）世子申生为骊姬所谮。（《礼记·檀弓上》）——"谮"（zèn，ㄗㄣˋ），诬陷，谗害。

（二）嬴闻如姬父为人所杀。（《史记·魏公子列传》）

（三）〔杨仆〕为荀彘所缚。（《史记·酷吏列传》）
例（一）就动词"潜"来说，主语"世子申生"是被动者，"姬姬"是主动者。例（二）就动词"杀"来说，"如姬父"是被动者，"人"是主动者。例（三）就动词"缚"来说，主语"杨仆"是被动者，"荀彘"是主动者。这种"为……所……"式的表示被动的句法，在古书中最为常见，并且一直沿用到现代汉语的书面语言里。

在这种句法里，有时只用"为"字引进动作行为的主动者，动词前面不用"所"字。例如：

（四）姬曰："吾子，白帝子也，化为蛇，当道，今为赤帝子斩之，故哭。"（《史记·高祖本纪》）——"当"，挡。

（五）不为酒困。（《论语·子罕》）——"困"，困扰。

在这种句法里，有时又只用"为"字，动作行为的主动者隐而不提。例如：

（六）父母宗族，皆为戮没。（《史记·刺客列传》）

（七）灵公少侈，民不附，故为弑易。（《史记·晋世家》）

有时"为""所"紧紧相连，放在动词的前面表示被动。例如：

（八）若属皆且为所虏。（《史记·项羽本纪》）——"若属"，你们这班人。"且"，将。

在这种情况下，动作行为的主动者也是隐而不提的。

第四，在动词前面加"被"字表示被动。例如：

（一）国一日被攻，虽欲事秦，不可得也。（《战国策·齐策》）——"一日"，一旦。"虽"，即使。

（二）信而见疑，忠而被谤，能无怨乎？（《史记·屈原列

传》）

从例（二）"信而见疑"、"忠而被谤"这两句话看来，"见"、"被"对举，可以证明"被"字的用法和"见"字相当。

2 动量的表示法

　　古代汉语表示动作行为的数量的句法，一般是把数词直接放在动词的前面，而不用表示动量的量词。例如：

　　（一）左右欲刃相如，相如张目叱之，左右皆靡。于是秦王不怿，为一击缶。（《史记·廉颇蔺相如列传》）——"怿"（yì，ㄧˋ），高兴。"缶"（fǒu，ㄈㄡˇ），古代盛酒的瓦器。

　　（二）汤三使往聘之。（《孟子·万章上》）——"使"，派人。

　　（三）齐王四与寡人约，四欺寡人。（《史记·苏秦列传》）——"约"，订约。

　　（四）五就汤五就桀者，伊尹也。（《孟子·告子下》）

　　（五）凡六出奇计。（《史记·陈丞相世家》）

　　（六）宋殇公立，十年十一战，民不堪命。（《左传·桓公二年》）

例（一）"一击缶"就是"敲了一下缶"；例（二）"三使"从字面上看就是"派了三次人"；例（三）"四与寡人约"就是"跟寡人订了四次约"，"四欺寡人"就是"欺骗寡人四次"；例（四）"五就汤五就桀"就是"就汤五次就桀五次"；例（五）"六出奇计"就是"出了六次奇计"；例（六）"十年十一战"就是"十年打了十一次仗"。和现代汉语比较，现代汉语表示动量，一般是把表示动量的数量词放在动词的后面的。

　　在讨论古代汉语动量的表示法时，以下三点需要加以注意：

第一，古代汉语表示动作行为发生"两次"，在动词前面不用"二"而用"再"。例如：

（一）吾再逐于鲁。（《庄子·山木》）

（二）曾子再仕而心再化。（《庄子·寓言》）

例（一）"再逐"意思是"被驱逐两次"；例（二）"再仕"意思是"做官两次"，"再化"意思是"变化两次"。

第二，古代汉语数词"三"、"九"等常常是用来表示多数的虚数，因此，当这些数词放在动词的前面表示动量的时候，可以表示动作行为发生"多次"，不一定准是"三次"或"九次"，这要根据上下文来确定。例如前面举过的——

（一）汤三使往聘之。（《孟子·万章上》）

从字面上看是"派了三次人"，其实是"多次派人"的意思。再如：

（二）公输般九设攻城之机变，子墨子九距之。（《墨子·公输》）——"机变"，机械。"距"同"拒"，抵抗。这儿的"九"字放在动词的前面表示动量，也是表示"多次"的意思。

第三，在古代汉语的句法里，放在动词前面表示动量的数词，是作为状语来修饰动词的。假如说话人要强调动作行为的数量，可以改变句法：把数词从动词的前面提到句尾，并在这个数词的前面用"者"字，让它跟前面的词语隔开，这样，"者"字前面的词语就充当了全句的主语，"者"字表示提顿，提到句尾的数词就充当了全句的谓语。例如：

（一）于是平原君欲封鲁仲连，鲁仲连辞让者三，终不肯受。（《战国策·赵策》）

（二）范增数目项，举所佩玉玦以示者三。（《史记·项羽本纪》）——"玦"（jué，ㄐㄩㄝ），半圆形的璧。

表示动量的数词，从动词前面的状语的位置提升到全句的谓语的位置，自然就显得重要而突出了。

3 动词的凝固结构

所谓动词的凝固结构，是指古代汉语里的"奈……何"、"如……何"、"若……何"、"奈何"、"若何"等词组来说的，这儿的"奈"字、"如"字、"若"字在古代是一声之转，是动词，含有"办"、"处置"、"对付"、"安顿"一类的意思。这儿的"何"字是疑问副词，当"怎么"、"怎样"讲。由于"奈"、"如"、"若"经常跟"何"字配合起来用，形成一个用来询问办法的熟语，所以我们称之为动词的凝固结构。

就其意义说，"奈（若）何"是"怎么办"、"怎样对付"。例如：

（一）诸侯不从，奈何？（《史记·留侯世家》）

（二）王曰："取吾璧，不予我城，奈何？"（《史记·廉颇蔺相如列传》）

（三）〔张〕良曰："料大王士卒足以当项王乎？"沛公默然，曰："固不如也，且为之奈何？"（《史记·项羽本纪》）——"料"，估计。"固"，本来，根本。

这一类问句都是先提出一种情况，然后用"奈何"询问办法。例（三）的"为之奈何"，意思是"对他怎么办"。

"奈……何"、"如……何"、"若……何"中间可以插入名词、代词或别的词组。意思是"怎样对付（处置、安顿）……"，"把……怎么办"，"拿……怎么样"。例如：

（四）公叔病有如不讳，将奈社稷何？（《史记·商君列传》）——"病"，病况严重。"有如"，假使。"不讳"，死去。古人忌讳说"死"，后来就用"不讳"代替"死去"。

（五）以君之力，曾不能损魁父之丘，如太形王屋何？（《列子·汤问》）——"曾"，竟。"损"，铲除。"太形"、"王屋"，均为山名。

（六）不能正其身，如正人何？（《论语·子路》）

（七）项羽乃悲歌忼慨，自为诗曰："力拔山兮气盖世！时不利兮骓不逝！骓不逝兮可奈何！虞兮虞兮奈若何？"（《史记·项羽本纪》）——"时"，时运。"骓"（zhuī，ㄓㄨㄟ），苍白杂色的马。"不逝"，跑不快。

（八）晋侯谓庆郑曰："寇深矣，若之何？"对曰："君实深之，可若何？"（《左传·僖公十五年》）——"深"，深入。

这类问句也都是先提出一种情况，然后用"奈……何"、"如……何"或者"若……何"来询问办法。在这种凝固结构中，例（四）、例（五）插入的是名词，例（六）插入的是动宾词组"正人"，例（七）、例（八）插入的是代词"若"（汝）和"之"。

这里需要附带说明一下，古代汉语的语句中，如果动词前面用了"奈何"、"若何"、"如之何"，它们就不是用来询问办法的，而是用来询问原因的。例如：

（一）奈何弃之？（《史记·项羽本纪》）

（二）非国家之利也。若何从之？（《左传·襄公二十六年》）

（三）如之何其使斯民饥而死也？（《孟子·梁惠王下》）

在这种情况下，"奈何"、"若何"、"如之何"一律译成现代汉语的"怎么"。

4 特殊的动宾关系

一般说来，动词和宾语之间的关系是支配关系。例如"廉颇东攻齐"，动词是"攻"，它支配着宾语"齐"，这容易理解。但是在古代汉语中，有些动词，它们后面跟着一个名词，在形式上，这个名词是作为动词的宾语而出现的，然而它们之间的关系不是一般的支配关系，也不能用"使动"和"意动"的用法来理解，这在古代汉语中比较特殊，值得注意。例如：

（一）〔灌夫〕非有大恶，争杯酒，不足引他过以诛也。（《史记·魏其武安侯列传》）——"不足引他过以诛"，不必牵扯别的过错来杀他。

这个例子里的"争杯酒"，"争"是动词，"杯酒"是宾语，但是动词和宾语之间的关系不是支配关系。"争杯酒"的意思是"为杯酒而争"。

（二）伯夷死名于首阳之下，盗跖死利于东陵之上。（《庄子·骈拇》）

（三）陈胜、吴广乃谋曰："今亡亦死，举大计亦死；等死，死国可乎！"（《史记·陈涉世家》）——"亡"，逃亡。

在这两个例子里，"死名"、"死利"、"死国"，意思是"为名而死"、"为利而死"、"为国而死"。

（四）伯氏不出而图吾君，——伯氏苟出而图吾君，申生受赐而死。（《礼记·檀弓上》）

"图吾君"就是"为吾君图"。

从上面的几个例子里，我们可以看到，动词"争"、"死"、

"图"，从它们的词汇意义说，都是不及物动词。它们对于后面的名词宾语没有一般的支配关系，也不能用"使动"和"意动"的用法来理解。这些名词宾语只是这些动词所表示的动作行为的有关方面。又如：

（五）君三泣臣矣，敢问谁之罪也？（《左传·襄公二十二年》）

这个例子里的"泣臣"，"泣"是动词，"臣"是宾语，意思是"对臣泣"（向我哭泣）。

（六）武安侯新用事欲为相，卑下宾客，进名士家居者贵之，欲以倾魏其诸将相。（《史记·魏其武安侯列传》）——武安侯刚刚掌权就想做丞相，〔于是就〕对宾客表示卑下，荐举在家闲居的有名的士人使他们富贵起来，打算用这种手段来倾轧魏其一派的许多居高位的人。

这个例子里的"卑下宾客"，"卑下"是形容词用作动词，"宾客"是宾语，意思是"对宾客卑下"。

（七）公子为人仁而下士，士无贤不肖，皆谦而礼交之，不敢以其富贵骄士。（《史记·魏公子列传》）——"无"，不论。"不肖"，不贤。

这个例子里的"下士"、"骄士"，"下"和"骄"是形容词用作动词，"士"是宾语。"下士"的意思是对士人谦下；"骄士"的意思是对士人骄傲。

从上面的几个例子里，我们可以看到动词"泣"、"卑下"、"下"、"骄"，从它们的词汇意义说，也都是不及物动词。它们对于后面的名词宾语也不是支配关系，也不能用"使动"和"意动"的用法来理解。这些名词宾语，只是动词所表示的动作行为的对象。

　　由于有一定的上下文的衬托，这种特殊的动宾关系，可以加适当的介词来理解。就我们所观察到的材料来说，例（一）到例（四）可以加介词"为"来理解；例（五）到例（七）可以加介词"于"来理解。这在读古书时须要加以注意。

课　文

1 .盆成括仕于齐。孟子曰："死矣盆成括①!"盆成括
见杀②。门人③问曰："夫子何以知其将见杀?"曰:"其
为人也④小有才⑤，未闻君子之大道也， 则足以杀其躯⑥
而已矣。"（《孟子·尽心下》）

【注解】

①"死矣盆成括"，这是谓语倒装于主语之前的倒装句，表示比较强
烈的感叹口气。盆成括，孟子的学生。

②"见杀"，这儿的"见"字用在动词"杀"的前面，表示被动。
"见杀"就是"被杀"的意思。

③"门人"，这儿当"学生"讲。

④"其为人也……"，等于说"盆成括之为人也……"这是古代汉语
常见的表示大名和小名关系的句法："之为"的前面的一项是 小名，"之
为"的后面的一项是大名。这句话译成现代的说法是："他（盆成括）这
个人啊……"。

⑤"小有才"，就是"稍有才"。这儿的"小"字当"稍微"讲。

⑥"躯"，身体。

【解题】

孟子通过"盆成括见杀"的例子说明：一个人"小有才"不能急于去
做官，而要学得君子之大道。这里所谓的"君子之大道"即儒家的那套 修
身、齐家、治国、平天下的封建大道理。

2 .孟子曰："求也为季氏宰①。无能改于其德②，而
赋粟③倍他日④。孔子曰：'求非我徒⑤也，小子鸣鼓而攻

121

之⑥可也。'由此观之⑦,君不行仁政而富之⑧,皆弃于孔子⑨者也;况于为之强战⑩?争地以战,杀人盈野;争城以战,杀人盈城:此所谓率⑪土地而食人肉,罪不容于死⑫!故善战者服上刑⑬,连⑭诸侯者次之,辟草莱⑮、任土地⑯者次之。"(《孟子·离娄上》)

【注解】

①"求也为季氏宰",求是孔子的学生冉有。季氏是春秋时鲁国的贵族。"宰",家臣。

②"其德",这儿指季氏之德。

③"赋粟",征收粮食作为租税。

④"他日",这儿当"往日"讲。

⑤"徒",门徒,学生。

⑥"小子鸣鼓而攻之","鸣鼓"就是"使鼓鸣",把鼓敲响,"鸣"字用作致使性动词。"攻",声讨。

⑦"由此观之",这儿的"之"字不是指代词,而是用来凑足一个音节的助词。

⑧"君不行仁政而富之",这儿的"富"字是形容词的使动用法,意思是"使之富",这儿的"之"字指代"不行仁政"的"君"。

⑨"弃于孔子",被孔子弃绝。这儿的"于"字放在动词之后,引进动作行为的主动者,跟现代的"被"字相当。

⑩"况于为之强战","况于"是一个词。古代汉语"况"字后头常常加个"于"字,其实这个"于"字是没有意思的。"况于"就是何况的意思。"强战",勉力作战。

⑪"率",率领。

⑫"罪不容于死",意思是"其罪之大,虽至于死,犹不足以容之。"

⑬"故善战者服上刑",这儿的"服"有"罚"、"受"的意思。"上刑",重刑。

⑭"连",连结。

⑮"辟草莱",这儿的"辟"字就是"闢",当"开闢"讲。"莱"

(lái, ㄌㄞ)，荒地里的野草。

⑯ "任土地"，意思是强迫人民担负起耕种荒地的任务。

【解题】

从这一章里，可以看出孟子的政治主张：他要求诸侯行"仁政"，痛恨那些不行"仁政"而求富国强兵的统治者；他反对"善战"的兵家（如孙膑、吴起等人），"连诸侯"的纵横家（如苏秦、张仪等人）和"辟草莱、任土地"的法家（如李悝、商鞅等人）。

孟子在这里揭露了战国时代诸侯兼并战争的罪恶——"争地以战，杀人盈野；争城以战，杀人盈城"，并表示十分痛恨。从这一点出发，他反对兵家和纵横家，是有一定进步意义的，因为当时的兼并战争，给人民带来了许多的负担和灾难。但是孟子反对开阡陌尽地力的法家，则反映了孟子思想落后保守的一面，因为法家的主张对于发展生产，提高人民生活水平，推动社会发展是有一定积极作用的。

3．宋人有耕者，田中有株①，兔走②触株，折颈而死，因释③其耒④而守株，冀⑤复得兔。兔不可复得，而身为宋国笑⑥。今欲以先王⑦之政，治当世之民，皆守株之类也。（《韩非子·五蠹》）

【注解】

①"株"，木桩。

②"走"，跑。

③"因释"，于是放下。

④"耒"（lěi, ㄌㄟ ），古代农具。

⑤"冀"，希望。

⑥"身为宋国笑"，就是"自己被宋国人笑"，这种句法是古代汉语表示被动的方式之一。

⑦"先王"，古代帝王。

【解题】

守株待兔的故事，讽刺和批判了经验主义者。

123

4.季文子①三思②而后③行。子闻之④，曰："再，斯可矣⑤"。（《论语·公冶长》）

【注解】

①季文子是春秋时代鲁国的大夫，名行父。

②"三思"，从字面上解释是"想三遍"的意思，其实这儿的"三"不一定实指三次，而是表示"多"。古代汉语表示动作行为的次数，除"两次"用"再"表示外，其余一般用数目字加在动词之前。

③"而后"是一个连词，跟现代汉语"才"相当，表示有上一事方始有下一事。

④"之"指代上文"季文子三思而后行"这件事情。

⑤"再，斯可矣"，〔想〕两次，就可以了。"斯"和"则"相同，当"就"讲。

【解题】

这一章说明做事要经过仔细的考虑，但也不能过分"谨慎"，以至犹疑不前。

5.齐欲伐魏，淳于髡①谓齐王曰："韩子卢②者，天下之疾犬③也；东郭逡④者，海内之狡兔也。韩子卢逐东郭逡，环山者三，腾山者五⑤。兔极⑥于前，犬废⑦于后；犬兔俱罢⑧，各死其处。田父见之，无劳倦之苦，而擅其功⑨。今齐魏久相持，以顿其兵，弊其众⑩，臣恐强秦大楚承⑪其后，有田父之功。"齐王惧，谢⑫将休士⑬也。（《战国策·齐策》）

【注解】

①淳于髡，战国时代的齐国人，滑稽家。

②"韩子卢"，犬名。

③"疾犬"，跑得最快的犬。

④ "东郭逡"，兔名。"逡"（qūn，ㄑㄩㄣ）。

⑤ "环山者三，腾山者五"，"环山"，围绕着山追；"腾山"，跳越过山头追。这儿的"三"、"五"提升为谓语，是强调动量的句法。

⑥ "极"，疲乏。

⑦ "废"，困倦。

⑧ "罢"（pí，ㄆㄧˊ），同"疲"。

⑨ "无劳倦之苦，而擅其功"，意思是不费一点力气，坐享其成。"擅"，独得，据为己有。"功"，功效，利益。

⑩ "顿其兵，弊其众"，这儿的"顿"、"弊"都是困倦疲劳的意思。用作致使性的动词，就是"使其兵顿，使其众弊"。

⑪ "承"，继。

⑫ "谢"，辞去，遣散。

⑬ "休士"，使士兵休息，"休"字在这儿是使动用法。

【解题】

淳于髡的话说明齐魏两国之间应该停止战争，休养生息，以免强秦大楚这些侵略者坐收渔人之利。

6.延陵季子①适齐,于其反也,其长子死,葬于赢博②之间。孔子曰："延陵季子,吴之习③于礼者也。往而观其葬焉。"其坎④深不至于泉,其敛以时服⑤,既葬而封,广轮揜坎⑥,其高可隐也⑦。既封,左袒⑧,右还其封且号者三⑨,曰："骨肉归复于土,命也;若⑩魂气,则无⑪不之也! 无不之也!"而遂行⑫。孔子曰："延陵季子之于礼也,其⑬合矣乎?"（礼记·檀弓下》)

【注解】

①延陵季子是春秋时吴国的公子季札，延陵是他的居地，所以叫延陵季子。"延陵"，今江苏武进县。

②赢博是齐国的两个地名。"赢"，在今山东莱芜县西北部；"博"，

在今山东泰安县东南部。

③"习"，通晓。

④"坎"，墓穴。

⑤"其敛以时服"，"敛"就是"殓"，给死者换衣入棺。"时服"，时行的平常服装。

⑥"广轮揜坎"，"广轮"，指坟底的面积。"广"当"横"（宽）讲；"轮"当"纵"（长）讲。"揜"就是"掩"，遮盖。

⑦"其高可隐也"，这是指坟的高度而言。这儿的"隐"当"按到"讲（人站在坟前，手下垂，可以触到坟顶）。

⑧"左袒"，解开衣服露出左臂。"袒"(tǎn，云ㄢˇ)。

⑨"右还其封且号者三"，这儿的"还"就是"环"。"右还其封"，围绕着坟按顺时针方向环行。"号"（háo，ㄏㄠˊ），哭。这儿的"者"字用来表示停顿。"三"，三匝（三周）。这是强调动量的句法。

⑩"若"，至于，是连词，用来表示另提一事。

⑪"无"，通"末"，没有地方，是无指代词。

⑫"而遂行"，这儿的"而"通"乃"，"乃"、"遂"都当"于是"、"就"讲。"行"，离去。

⑬"其"，表示测度语气的语气副词，跟现代的"大概"、"恐怕"相当。

　　7.孟子谓齐宣王曰："王之臣有托其妻子于其友而之楚游者①，比其反也②，则冻馁其妻子③，则如之何④？"王曰："弃之。"曰："士师不能治士⑤，则如之何？"王曰："已之。"曰："四境之内不治⑥，则如之何？"王顾左右而言他⑦。（《孟子·梁惠王下》）

【注解】

①"王之臣有托其妻子于其友而之楚游者"，这句话"有"字前面的成分"王之臣"和"有"字后面的成分"托其妻子于其友而之楚游者"之间，有全体和部分的关系，这儿的"于"字当"给"讲。

②"比"，及（等到，到了）。"反"回来。

③"则冻馁其妻子"，这儿的"则"字有"原来已经"的意思。"馁"（něi，ㄋㄟˇ），饿。这儿的"冻"、"馁"二字都是使动用法。"冻馁其妻子"，译成现代的说法就是"使他的妻子受冻挨饿"。

④"如之何"，"如……何"是古代汉语用来询问办法的熟语，是动词的凝固结构，意思是"拿……怎么办"，"把……怎么样"。"如之何"，拿他怎么办，把他怎么样。

⑤"士师不能治士"，士师是狱官。这儿的"治"是"管理"的意思。这儿的"士"指"士师"所管辖的"乡士"、"遂士"等属官。

⑥"四境之内不治"的"治"当"太平"讲。

⑦"顾"，回过头来看。"左右"，左右之人。"他"，别的。

【解题】

孟子揭露了齐宣王的不务政事，使齐国政治不上轨道；用两件小事做比喻，暗示出"四境之内不治"应由齐宣王负责。并讽刺齐宣王象这样下去，是不会有什么好结果的。

8. 孟子谓戴不胜①曰："子欲子之王之善与②？我明告子：有楚大夫于此，欲其子之齐语也③，则使齐人傅④诸？使楚人傅诸？"曰："使齐人傅之。"曰："一齐人傅之，众楚人咻⑤之，虽日挞而求其齐也⑥，不可得矣；引而置之庄岳之间数年⑦，虽日挞而求其楚，亦不可得矣。子谓薛居州善士也，使之居于王所⑧。在于王所者，长幼卑尊皆薛居州也⑨，王谁与为不善？在王所者，长幼卑尊皆非薛居州也，王谁与为善⑩？一薛居州，独如宋王何⑪？"（《孟子·滕文公下》）

【注解】

①戴不胜是战国时代宋国的大夫。

②"子欲子之王之善与",在这句话里,两个"之"字的用法不同:"子之王之善"的"之"标志"子"是"王"的定语,"子之王之善"的"之"加在主语"子之王"和谓语"善"之间,取消这个小句的独立性,因为它充当了动词"欲"的宾语。

③"欲其子之齐语也",这个"之"字也是用来取消"其子齐语"这个小句的独立性的,因为它充当了动词"欲"的宾语。"齐语",(说)齐国话(齐方言)。

④"傅",教导。

⑤"咻"(xiū,ㄒㄧㄡ),吵。

⑥"虽日挞而求其齐也",这儿的"虽"字当"即使"讲。"日挞",天天打(每天打)。

⑦"引而置之庄岳之间数年","引",带领。"置",放。"庄"和"岳",是齐国的街里名。

注意:"引而置之"是两个动词"引"和"置"共同管辖一个宾语"之"(指代上文的楚大夫之子)。又这儿"置之"之后省略"于"字(当"在"讲),这种省略,古代汉语里常常见到。

⑧"王所"的"所"字当"处所"讲。

⑨"在于王所者,长幼卑尊皆薛居州也",这儿的"于"字可以不用,下文"在王所者"就没有用。又薛居州此人是宋国的善士,在这句话里,"薛居州"这个专有名词用作普通名词,拿薛居州来代替一般的善士,这是一种修辞性的说法。下文"长幼卑尊皆非薛居州也"同。

⑩"王谁与为不善","谁与"就是"跟谁",古代汉语介词的宾语如果是疑问代词,则放在介词之前。"不善",不善之事。

⑪"独如宋王何","独",难道(表示反问)。"如宋王何",拿宋王怎么办,把宋王怎么样。

【解题】

孟子指出了周围环境对一个人的影响是很大的,因此他认为宋王若能多接近薛居州那样的善士,就能变善。但是,事实上一个人的"善"与"不善",绝不仅仅是环境影响的结果,根本原因还在于他的阶级立场;不同阶级的人对待"善"与"不善"的标准也是不同的。

9.孟子曰："无或乎王之不智也①；虽有天下易生之物也，一日暴之，十日寒之②，未有能生者也。吾见亦罕矣，吾退而寒之者至矣③！吾如有萌焉何哉④？今夫⑤弈之为数⑥，小数也；不专心致志，则不得也。弈秋，通国之善弈者也⑦。使⑧弈秋诲二人弈，其一人⑨专心致志，惟弈秋之为听⑩；一人虽听之，一心以为有鸿鹄将至⑪，思援弓缴⑫而射之，虽与之俱学，弗若之矣。为⑬是其智弗若与？曰：非然也。"（《孟子·告子上》）

【注解】

①"无或乎王之不智也"，这儿的"无"字跟"毋"相通，当"不要"讲；"或"，就是"惑"，当"疑惑"、"奇怪"讲；"无惑"就是"莫怪"。这儿的"乎"字是表示停顿的语气调。"王之不智"，这儿的"之"字用来取消"王不智"这个小句的独立性，因为它充当了动词"或"的宾语。

②"暴"（pù，ㄆㄨˋ），是就"曝"，当"晒"讲。"寒"，冷却。

③"吾退而寒之者至矣"，这儿的"而"字顺接"吾退"和"寒之者至矣"这两个小句，可译成"就"，也可以不译。

④"吾如有萌焉何哉"，这句话在"如……何"之间插入了"有萌焉"；其实可以换一个说法："有萌焉，吾如何哉？""如……何"、"如何"，是用来询问办法的熟语，是动词的凝固结构。这句话的意思是：〔即使〕在齐王身上有一点儿（为善的）萌芽，我又能怎么样呢？（我怎么能让这点萌芽生长苗壮起来呢？）

⑤"今夫"，在古代汉语里，"今""夫"二字往往连起来用：在连续的议论中，当上文说完了一件事情，然后调换话题继续陈述时，用"今夫"二字。"今"字用来提起下文，这样用法的"今"字不必是用来表示具体时间的，换句话说，不必把它看作和"昔"字相对待的时间词。"夫"字多少有点儿指示作用。以前有的学者认为"今夫"是"顶接虚字"或"承

129

接连词"。

⑥"弈之为数",这也是古代汉语表示大名小名关系的句法。"弈",下棋,在这里是小名;"数",技术,在这里是大名。这句话译成现代的说法是,下棋这种技术。

⑦奕秋,下棋的名手叫秋的。"通",全。

⑧"使",假使。

⑨"其一人",其中之一人。

⑩"惟弈秋之为听","惟",只。"听",听从。这句话是"惟听弈秋"的倒装,宾语"弈秋"被强调而倒装于动词"听"之前,并在倒装了的宾语之后加"之为"标志。又这种"惟……之为……"的句法表示了动作行为对象(宾语)的单一性、排他性。

⑪"一心",满心。"鸿鹄",就是鹄,又叫天鹅。

⑫"缴"(zhuó,ㄓㄨㄛˊ),有绳子系在矢上的射具。

⑬"为"读为"谓",认为,以为。

【解题】

孟子认为齐王不致力于为善,不顾国家政事,并不是由于齐王"不智",而是由于他亲近小人,自己不肯努力。孟子通过"弈秋诲二人弈"的故事,说明一个人聪明不聪明不关重要,重要的是看他是否专心学习,是否刻苦努力。

10.邹与鲁①哄②。穆公③问曰:"吾有司④死者三十三人,而民莫之死也⑤。诛⑥之,则不可胜诛⑦;不诛,则疾视其长上之死而不救⑧。如之何则可也?"

孟子对曰:"凶年饥岁⑨,君之民,老弱转乎沟壑⑩,壮者散而之四方者,几千人矣⑪!而君之仓廪实⑫,府库充⑬,有司莫以告;是上慢而残下也⑭。曾子曰⑮:'戒之⑯!戒之!出乎尔者,反乎尔者也⑰。'夫民,今而后得反之也⑱。君无尤焉⑲!君行仁政⑳,斯民亲其上㉑,死

其长矣㉒。"（《孟子·梁惠王下》）

【注解】

①邹与鲁是战国时代的两个国家。

②"哄"（hòng，ㄏㄨㄥˋ），战斗。

③穆公是邹国的君王。

④"有司"，官吏，替君王管事的。

⑤"而民莫之死也"，"莫之死"就是"莫死之"，因为这是用无指代词作主语的否定句，动词的宾语是代词"之"（指上文的"有司"），所以放在动词"死"的前面。"死之"就是"为之而死"（为他们牺牲），这种动宾关系比较特殊，值得注意。

⑥"诛"，处死。

⑦"不可胜诛"，不能杀尽，杀也杀不完。这儿的"胜"（shèng，ㄕㄥˋ），当"尽"讲。

⑧"疾视"，恶视（恶狠狠地瞧着）。"长上"，这儿指有司。

⑨"凶年"、"饥岁"意思相同，都当"荒年"讲。

⑩"转乎沟壑"，旧说这儿的"转"字是"饥饿辗转而死"的意思。这儿的"乎"字是介词，当"在"讲。"壑"（huò，ㄏㄨㄛˋ），坑。

⑪"几千人矣"，这儿的"几"字有两种讲法:(1)"几"（jī，ㄐㄧ），当"将近"讲；(2)"几"（jǐ，ㄐㄧˇ），当"数"讲。

⑫"仓廪"，储藏谷物的仓库。"实"，充实。

⑬"府库"，储藏财物的仓库。"充"和上句的"实"是同义词。

⑭"上慢而残下"，"上"指统治者。"慢"，骄慢。"残"，残害。"下"，指人民。

⑮"曾子"，春秋时鲁国武城人，名参，字子舆，孔子的学生。

⑯"戒之"，"戒"，警惕。这儿的"之"字不是指代词，而是用来凑足一个音节的助词。

⑰"出乎尔者，反乎尔者也"，这句话的意思是你怎样对待人家，人家将怎样对待你。"出乎尔"的"乎"字是介词，当"从"、"自"讲。"反乎尔"的"乎"字也是介词，当"到"讲。"反"，返，这儿有回答、回报的

意思。

⑱"夫民今而后得反之也"，"而后"，才。这儿的"之"字指代上文的"有司"。

⑲"君无尤焉"，这儿"无"字跟"毋"相同，当"不要"讲。"尤"是动词，当"责备"、"归罪"讲。

⑳"行仁政"，采取于民有利的政治措施。

㉑"亲其上"，爱护他们的长上。

㉒"死其长"，为他们的长上而牺牲。这种动宾关系和注⑤所讨论的"死之"相同。

【解题】

孟子告诉统治者：你怎样对待人民，人民就将怎样对待你。因此要想使人民"亲其上，死其长"，就必须施行"仁政"。

从这一章里，我们也可以看出当时人民的悲惨处境，和统治者不顾人民疾苦，残害人民的情况。

11. 孔子闲居，喟然①而叹曰："铜鞮伯华而无死②，天下其有定矣③！"子路曰："愿闻其为人也何若④？"孔子曰："其幼也，敏而好学；其壮也，有勇而不屈；其老也，有道而能以下人⑤。"子路曰："其幼也敏而好学则可，其壮也有勇而不屈则可，夫有道又谁下哉？"孔子曰："由不知也！吾闻之：以众攻寡，而无不消⑥也；以贵下贱，无不得也。昔者周公旦⑦制天下之政，而下士七十人，岂无道哉？欲得士之故也。夫有道而能下于天下之士，君子乎哉！"（《说苑·尊贤》）

【注解】

①"喟然"，叹息的样子。"喟"（kuì，ㄎㄨㄟˋ）。

②"铜鞮伯华而无死"，"铜鞮伯华"，晋大夫羊舌赤，铜鞮是赤的

封地，伯华是他的字，所以世称铜鞮伯华。"而"当"如果"讲。这句话的意思是"铜鞮伯华如果不死"。

③"其有定矣"，"其"是表示测度的语气副词。在句中它常与语气词"乎"、"矣"连用，表示测度语气，但有时也可单独表示。

④"何若"，怎么样。

⑤"下人"，对人谦下。这也是特殊的动宾关系。

⑥"消"，尽，消灭。

⑦周公旦，姓姬，周武王之弟，西周初期的一个政治家。

【解题】

孔子从士人的利益出发，希望统治者"礼贤下士"，抬高士人的地位。其中也可以看到统治者"礼贤下士"的目的就是为了保持自己的统治地位。士人阶层依靠统治阶级而"生"，统治阶级依靠士人阶层而"治"。

12.孙叔敖①为楚令尹，一国吏民皆来贺。有一老父衣粗衣，冠白冠②，后来吊，孙叔敖正衣冠而出见之，谓老父曰："楚王不知臣不肖③，使臣受吏民之垢④，人尽来贺，子独后来吊，岂有说乎？"父曰："有说：身已贵而骄人者民去之，位已高而擅权者君恶之；禄已厚而不知足者患处之。"孙叔敖再拜曰："敬受命！愿闻余教！"父曰："位已高而意益下，官益大而心益小，禄已厚而慎不敢取，君谨守此三者，足以治楚矣。"（《说苑·敬慎》）

【注解】

①孙叔敖，楚人，是春秋时楚国的名相。

②"粗衣"，粗布衣。"衣粗衣，冠白冠"，就是穿粗衣，带白冠。这句话里的前一个"衣"、"冠"都是普通名词用作动词。

③"不肖"，不贤。

④"垢"同"诟"，辱骂的意思。说自己无能力，政事管不好，应当受到官吏和百姓的诟责，这是表示谦虚的话。

133

【解题】

老父告诫孙叔敖：只有身贵不骄人，位高不擅权，禄厚而知足，才能得民心，治好国家。这些话都是从巩固统治阶级的统治地位出发的，有明显的局限性。

第 六 课

语 法

1 与疑问语气有关的句法

2 与反问语气有关的句法

3 与感叹语气有关的句法

1 与疑问语气有关的句法

古代汉语表示疑问语气的句法，需要讨论的是有关询问原因的句法。询问原因一般是在句中动词前加疑问词"何"、"奚"等。例如：

（一）夫子何哂由也？（《论语·先进》）——"哂"（shěn，ㄕㄣˇ），讥笑。

（二）或谓孔子曰："子奚不为政？"（《论语·为政》）

有的在句中动词前加"何为"、"奚为"等词语。例如：

（一）夫子何为不执弓？（《孟子·离娄下》）

（二）许子奚为不自织？（《孟子·滕文公》）

如果是强调原因的询问，可以改变句法，把询问原因的疑问词语从句中提到句尾，并且加语气词"也"或"哉"，再在原来的主语谓语之间加助词"之"取消句子的独立性，让它作全句的主语。这样，询问原因的疑问词语便提升为全句的谓语，因此就显得重要了。例如：

（一）君子之不教子，何也？（《孟子·离娄上》）

135

（二）舜之不告而娶，何也？（孟子·万章上》）

（三）且君之欲见之也，何为也哉？（《孟子·万章下》）
这种用法的"之"字除了取消句子的独立性外，我们不妨说它还
有这样一种作用：即用来指明引起询问原因的行为或状况。

2 与反问语气有关的句法

反问句在形式上和疑问句没有什么不同，它只是用疑问的形
式来表示肯定或否定：字面上是肯定的，意思上就是否定的；字
面上是否定的，意思上就是肯定的。一个意思用反问句来说，远
比一般的肯定或否定更有力量，这在第三课里已经讨论过。

这里要讨论的是古代汉语中几种表示反问的习惯说法。

第一，"不亦……乎"。例如：

（一）子曰："学而时习之，不亦说乎？有朋自远方来，
不亦乐乎？人不知，而不愠，不亦君子乎？"（《论语·学而》）
——"愠"（yùn，ㄩㄣˋ），怨恨，愤怒。

（二）鲁侯不亦善于礼乎？（《左传·昭公五年》）
"不亦……乎"里的"亦"字是个凑足音节的助词，用在这里没
有实际意义。因此，"不亦乐乎？"就是"不乐乎？"字面上是
否定的，意思上是肯定的，其实就是"乐"。

第二，"何以……为"、"何以为"、"何……为"。例如：

（一）夫颛臾，昔者先王以为东蒙主，且在邦域之中矣，
是社稷之臣也，何以伐为？（《论语·季氏》）——"颛臾"
（zhuān yú，ㄓㄨㄢ ㄩˊ），春秋时鲁国的一个附属国。"东蒙"，山名，
在今山东境内。颛臾这个国家，上代的君王曾经让它主管东蒙山
的祭祀，并且它在我国的疆土之内，是国家的臣国，要去攻打它
做什么呢？

（二）荆国之法，得五员者爵执珪，禄万担，金千镒，昔者子胥过，吾犹不取，今我何以子之千金剑为乎？（《吕氏春秋·异宝》）——"执珪"，楚国官名。

（三）匈奴未灭，何以为家？（《汉书·霍去病传》）"何以……为"意思就是"要……做什么"，这是无疑而问，是反问。因此，"何以子之千金剑为乎？"就是"要你的千金剑做什么呢？"字面上是肯定的，意思是否定的，其实就是"不要你的千金剑"。

在"何以……为"这个格式里，"何"字可用别的疑问词"奚"、"恶"、"安"来替换；"以"字可用"用"字来替换。这种情况，古书上常见，不一一举例。

"何以……为"里"以"字后面的宾语，在一定的上下文里可以省略。例如：

（一）胜自砺剑，人问曰："何以为？"（《史记·伍子胥传》）

（二）诵诗三百，授之以政，不达，使于四方，不能专对，虽多，亦奚以为？（《论语·子路》）——熟读了《诗经》三百篇，把管理政治的事交给他，却不能办好；让他出使国外从事外交活动，又不能对答如流，念诗虽多，要它做什么呢？假如"以"的宾语是动词或动词词组，这"以"字也可以省略。例如：

（一）天之亡我，我何渡为？（《史记·项羽本记》）

（二）汤为天子大臣，被恶言而死，何厚葬为？（《汉书·张汤传》）——"被"，遭受。

第三，"何……之有"、"何有"。

"何……之有"是"有何……"的倒装，这种句法第二课里已经讨论过。它的意思是"有什么……的"。例如，"何难之有"就是"有何难"（有什么难的），"何不利之有"就是"有何不利"（有什么不利的）。都是表示反问的。

"何……之有"又可以压缩为"何有"，成为一个凝固的形式，它的意思是"何难之有"或"何爱之有"。例如：

（一）子曰："默而识之，学而不厌，诲人不倦，何有于我哉？"（《论语·述而》）——"识"（zhì，ㄓˋ），记住。这句话里的"何有"是"何难之有"的意思。又如：

（二）除君之恶，唯力是视。蒲人，狄人，余何有焉？（《左传·僖公二十四年》）——除去君王的敌人，我瞧着力量去办，对于蒲人，狄人，我有什么舍不得〔杀〕呢？这句话里的"何有"是"何爱之有"的意思。

3 与感叹语气有关的句法

感叹句有三个比较特别的类型需要加以讨论。

第一，把作为感叹中心的词语提前。所谓感叹中心，是指某一事物的引起人们感叹的某种属性。在古代汉语的感叹句中，作为感叹中心的词语常常出现在句子的开头。这是因为说话人感情激动，脱口而出，先说的常是作为感叹中心的词语，然后再补说其余的话。例如：

（一）贤哉回也！（《论语·雍也》）

（二）仁夫公子重耳！（《礼记·檀弓》）

（三）嘻！亦太甚矣，先生之言也！（《战国策·赵策》）

上面各句加着重号的词语都是感叹中心，它们的后面都用了表示感叹的语气词"哉"、"夫"等，表示了比较强烈的感叹语气。当然，这些提前的词语也可以全都回到句中原有的位置上来。比方说："公子重耳仁夫！"不过所表示的感叹语气不够强烈。

第二，借用疑问语气来表示感叹语气，而不把作为感叹中心的词语提前。具体说，就是在句子的开头用疑问词"何"，并且在作为感叹中心的词语的前面加助词"之"来标志。例如：

（一）凤兮凤兮，何德之衰！（《论语·微子》）

（二）孔子游于匡，宋人围之数匝，而弦歌不惙。子路入见曰："何夫子之娱也！"（《庄子·秋水》）

（三）何许子之不惮烦！（《孟子·滕文公上》）

（四）何太子之遣！（《史记·刺客列传》）

（五）吁！君何见之晚也！（《史记·廉颇蔺相如列传》）

上面各句加着重号的词语都是感叹中心，它们前面全都有助词"之"标志，句子的开头全都有疑问词"何"。这种"何……之……"的说法，大致跟现代汉语的"怎么……这么……"、"怎么这么……"相当。"何许子之不惮烦！"意思就是"怎么许子这么不怕麻烦！"、"许子怎么这么不怕麻烦！"

第三，直接在作为感叹中心的词语的前面加助词"之"来标志。

（一）宰我出。子曰："予之不仁也！……（《论语·阳货》）

（二）里中社，平为宰，分肉食甚均。父老曰："善，陈孺子之为宰！"（《史记·陈丞相世家》）

不过这种句法在古代汉语中比较少见。

课　文

1.淳于髡曰："男女授受①不亲，礼 与？"孟子曰："礼也。"曰："嫂溺②则援之以手③乎？"曰："嫂溺不援，是豺狼也。男女授受不亲，礼也；嫂溺援之以手者，权④也。"曰："今天下溺矣！夫子之不援，何也⑤？"曰："天下溺，援之以道；嫂溺，援之以手。子欲手援天下⑥乎？"（《孟子·离娄上》）

【注解】

①"授"，给予。"受"，接受。

②"溺"（nì，ㄋㄧˋ），淹没在水里。

③"援之以手"，这儿的"援"字当"牵引"，"援救"讲。

注意："援之以手"，又可以说成"以手援之"。古代汉语表示某一动作行为凭借某物来实现的"以……"，放在动词前或放在动词后，比较自由。

④"权"，变通，机动，灵活。

⑤"夫子之不援，何也"，这是强调询问原因的句法。

⑥"手援天下"，就是"以手援天下"，古代汉语当"用"、"凭藉"讲的，"以"字往往可以省略。

【解题】

孟子主张办任何事情都要遵守"礼"，但在必要的时候也可以变通。淳于髡就抓住了这一点，劝说孟子在"天下溺矣"的情况下，变通一下，出来"援天下"。（按照"礼"来说，孟子的身份、地位都不允许他管"天下溺"的事。）但孟子认为"援天下"应该"以道"，所以他问淳于髡："子欲手援天下乎？"

140

孟子在这里所说的"道"，是指"王道"，也就是孟子理想的"仁政"。

2.昔齐人有欲金者①，清旦，衣冠而之市②，适鬻金者之所③，因攫其金而去④。吏捕得之。问曰："人皆在焉，子攫人之金何⑤？"对曰："取金之时，不见人，徒⑥见金。"（《列子·说符》）

【注解】

①"昔齐人有欲金者"，这是个表示全体和部分关系的有无句。"齐人"和"有"字后面的成分"欲金者"，前者是全体，后者是部分，可在"有"字前加"之中"来理解。"欲金者"，想要金子的人。

②"衣冠而之市"，"衣冠"这儿用作动词，当"穿衣戴帽"讲。"之"，当"到"讲。

③"适鬻金者之所"，意思是到了卖金子〔的人〕的地方。"鬻(yù，ㄩˋ)，卖。

④"因攫其金而去"，意思是"于是拿了那些金子就走了"。"攫"(jué，ㄐㄩㄝˊ)，拿，取。

⑤"子攫人之金何"，意思是"你为什么取人家的金子"。

⑥"徒"，只。

〔解题〕

这个故事描绘出一个利欲薰心的人的形象，"不见人，徒见金"，这六个字形象地描写出这个人的心理，既典型又有概括性。

3.公行子①有子之丧，右师②往吊。入门，有进③而与右师言者，有就④右师之位而与右师言者。孟子独不与右师言。右师不悦，曰："诸君子皆与骥言，孟子独不与骥言，是简⑤骥也。"孟子闻之，曰："礼，朝廷不历位⑥而相与⑦言，不踰阶⑧而相揖⑨也。我欲行礼，

子敖以我为简⑩，不亦异乎⑪？"（《孟子·离娄下》）

【注解】

①公行子是战国时齐国的大夫。

②"右师"，官名。这儿指王驩，字子敖。孟子很讨厌这个人。

③"进"，走向前去。

④"就"，走近，凑近。

⑤"简"，简慢。

⑥"历位"，越过〔别人的〕席位。

⑦"相与"，一块儿，共同。

⑧"蹭阶"，跨越台阶。

⑨"相揖"，互相作揖〔行礼〕。

⑩"以我为简"，译成现代的说法就是"以为我简慢"，"觉得我是简慢"。这儿的"以……为"二字前后照应，含有"意谓"之意，跟现代的"以为（认为）……"、"觉得……是"相当。

⑪"不亦异乎"，这是古代汉语表示反问的习惯说法。"异"，奇怪。

【解题】

这一章写的是孟子的为人作风，他不肯趋炎附势，巴结权贵。右师子敖是齐国的贵人，此人品质恶劣，孟子很讨厌他，所以"独不与右师言"，并用"礼节"巧妙地回避了不与右师谈话的真正原因。

4. 棘子成①曰："君子质而已矣，何以文为②？"子贡曰："惜乎，夫子之说君子也③！驷不及舌④。文犹质也，质犹文也⑤。——虎豹之鞟犹犬羊之鞟⑥。"（《论语·颜渊》）

【注解】

①棘子成是春秋时卫国的大夫。

②"君子质而已矣，何以文为？"在《论语》一书中，"质"和"文"是两个相对的概念："质"指本质、内容，"文"指文彩、形式。具体到

142

儒家思想说，"质"指仁义等道德品质，"文"指礼乐等仪节形式。棘子成认为，君子只要有好的本质就够了，还要那些文彩（仪节形式）干什么。

注意：这儿的"何以……为"是古代汉语表示反问的习惯说法。

③ "惜乎，夫子之说君子也！"这是古代汉语表示感叹的句法。这儿的"夫子"是子贡对棘子成的尊称。这儿的"说"字是"谈论"的意思。

④ "驷不及舌"，意思是一言既出，驷马难追。

⑤ "文犹质也，质犹文也"，意思是"文"和"质"同等重要。

⑥ "虎豹之鞟犹犬羊之鞟"，"鞟"（kuò，ㄎㄨㄛˋ），拔去了毛的皮革。这句话的意思是：〔虎豹的皮和犬羊的皮在"质"和"文"上都有区别，假如把这两类兽皮的作为文彩的毛拔去，〕虎豹的革和犬羊的革便差不多了，便没有区别了。

【解题】

子贡认为"质"和"文"（内容和形式）二者不可偏废，这意见是正确的，既要注意内容，也要注意形式。但是二者也不能等同起来，将"质"和"文"同等看待则是不对的。

5. 靖郭君①将城薛②，客多以谏者。靖郭君谓谒者②曰："毋为客通④。"齐人有请见者，曰："臣请三言⑤而已，过三言，臣请烹。"靖郭君因见之。客趋进曰："海大鱼，"因反走。靖郭君曰："请闻其说。"客曰："臣不敢以死为戏。"靖郭君曰："愿为寡人言之。"答曰："君闻大鱼乎？网不能止，缴不能绁⑥也，荡而失水，蝼蚁⑦得意焉。今夫齐，亦君之海也。君长有齐，奚以薛为⑧？君失齐，虽隆薛城至于天⑨，犹⑩无益也。"靖郭君曰："善。"乃辍⑪，不城薛。（《韩非子·说林上》）

【注解】

①靖郭君是战国时齐威王的儿子田婴的号。

②"城薛"，这儿的"城"字是名词用作动词，"筑城"的意思，"城

143

薛"就是在薛这个地方筑起城来。薛是靖郭君的封地，在今山东滕县东南。

③ "谒者"，负责引见宾客传达通报的人。

④ "通"，通报传达。

⑤ "请三言"，请求〔准许〕说三个字。

⑥ "缴不能绁"，"缴"（zhuó，ㄓㄨㄛˊ），用绳子系在矢的一端的射具。"绁"（guà，ㄍㄨㄚˋ），牵制。

⑦ "蝼蚁"，蝼蛄和蚂蚁。蝼蛄是一种对农作物有害的昆虫，又叫"喇喇蛄"。

⑧ "奚以薛为"，就是"何以薛为"，这是古代汉语表示反问的说法，意思是"要筑薛城做什么呢？"

⑨ "虽隆薛城至于天"，这儿的"虽"字是"即使"的意思。"隆"，高，这儿是形容词的使动用法。"隆薛城"，意思是"使薛城高"。

⑩ "犹"，还是。

⑪ "辍"，停止。

【解题】

这一篇写的是齐人谏止靖郭君在薛地筑城的故事。

靖郭君为了保住自己的封地，不惜劳民伤财，想在薛地筑起城来。齐人用"海大鱼""荡而失水"的比喻告诉靖郭君首先要着眼于齐国的大局，说明了靖郭君的一切都是同齐国的存在和强大密切相关的：失去了齐，就好比是大鱼失去了水，不仅薛地没有任何用处，就连自己的贵族地位也保不住了。

6. 季康子问："仲由可使从政也与①？"子曰："由也果②，于从政乎何有③！"曰："赐也可使从政也与？"曰："赐也达，于从政乎何有？"曰："求也可使从政也与？"曰："求也艺，于从政乎何有？"（《论语·雍也》）

【注解】

① "仲由可使从政也与"，意思是"仲由可以让他管理政事吗"。"从

政"，管理政事。"也与"是两个语气词连用，表示疑问语气，其语气重点在"与"字上，和现代汉语的"吗"相当。

②"由也果"，"果"，果断。"也"是表示停顿的语气词。下文"赐也达"、"求也艺"的"也"字同。"达"，通达；"艺"，多才艺。仲由（子路）、赐（子贡）、求（冉有），都是孔子的学生。

③"于从政乎何有"，意思是"在管理政事方面有什么困难呢"。"乎"是放在句中表示停顿的语气词。"何有"是"何难之有"压缩成的凝固形式，意思是"有什么困难"，用来表示反问。

【解题】

子路、子贡、冉有都是孔子的得意门生，他们各有优点，孔子认为他们都可以管理政事。

7.子曰："直哉史鱼①！邦有道②，如矢③；邦无道，如矢。君子哉蘧伯玉④！邦有道，则仕；邦无道，则可卷而怀之⑤！"（《论语·卫灵公》）

【注解】

①"直哉史鱼"，"史"，官名。鱼和下文的蘧伯玉都是春秋时卫国的大夫。这个句子是谓语倒置于主语之前的倒装句，表示比较强烈的感叹口气。比较平直的说法是："史鱼直。"

②古书上"道"的意思比较笼统游移，必须在一定的上下文里才能大致确定它的某种具体涵义。这儿的"邦有道"大致的意思是国家的一切都合乎封建道德的规范。反之就是"邦无道"。

③"如矢"，象箭。这儿把史鱼为人的正直比喻为箭的直。

④"君子哉蘧伯玉"的句法特点和"直哉史鱼"相同。

⑤"卷"，收起来。"怀"，藏起来。"卷而怀之"，是"不仕"的婉转的说法。

【解题】

孔子说史鱼"直"，是因为史鱼是个史官，他能如实地记录当时的历史事实。

　　孔子说蘧伯玉是"君子"，是因为孔子认为不论在"邦有道"或"邦无道"的时候，都应该出来做官，以推行其政治主张，而蘧伯玉还做不到这一点，因此他只能算个"君子"。

8. 子曰："甚矣吾衰也①！久矣吾不复梦见周公②！"（《论语·述而》）

【注解】

①"甚矣吾衰也"是带有比较强烈的感叹口气的倒装句。比较平直的说法是："吾甚衰。"

②"久矣吾不复梦见周公"句法与"甚矣吾衰也"相同。"不复"，不再。周公是西周初期的大政治家，他巩固了当时的政治局面，制定了礼法制度。

【解题】

　　周公是孔子心目中的榜样，孔子想用周公那套办法来求得安定的局面。虽然这种愿望在当时是不可能实现的，但孔子希望天下安定，这在一定程度上也反映了当时人民的要求。

9. 杨子①之邻人亡②羊，既率其党③，又请杨子之竖④追之，杨子曰："嘻！亡一羊，何追者之众⑤！"邻人曰："多歧路。"既反⑥，问："获羊乎？"曰："亡之矣。"曰："奚亡之？"曰："歧路之中又有歧焉，吾不知所之⑦，所以反也。"（《列子·说符》）

【注解】

①杨子，名朱字子居，战国时代的人。主张"为我"，与墨子的"兼爱"相反。

②"亡"，丢失。

③"党"，亲朋。

④"竖"，童仆。

⑤"何追者之众"，这是古代汉语表示感叹的句法，意思是："追的人怎么这么多！"

⑥"既反"，已经回来，回来之后。

⑦"不知所之"，不知所往，不知道到哪儿去了。

【解题】

"歧路亡羊"后来成了一个经常被人引用的典故。它告诉人们：追求真理要有明确的方向，以免误入歧途，徒劳无益。

10.子夏丧其子①而丧其明②。曾子吊之，曰："吾闻之也，朋友丧明则哭之。"曾子哭。子夏亦哭，曰："天乎！予之无罪也③！"曾子怒曰："商！女何无罪也④？吾与汝事夫子于洙泗⑤之间，退而老于西河之上⑥，使西河之民疑女于夫子⑦，尔罪一也。丧尔亲，使民未有闻焉，尔罪二也。丧尔子，丧尔明，尔罪三也。而曰⑧——女何无罪与？"子夏投其杖而拜曰："吾过矣！吾过矣！吾离群而索居⑨亦已⑩久矣！"（《礼记·檀弓上》）

【注解】

①"丧其子"和下文的"丧其亲"、"丧尔子"的"丧"(sāng，ㄙㄤ)，当"哀悼"讲。

②"丧其明"和下文的"朋友丧明"、"丧尔明"的"丧"(sàngㄙㄤ)，当"丧失"讲。"明"，目精。

③"予之无罪也"，这是古代汉语表示感叹的句法。

④"女何无罪也"，这个"何"当"怎么"讲。

⑤"洙"、"泗"，是鲁国境内的两条水名。

⑥"退而老于西河之上"，意思是退休在西河之上度晚年。西河，今陕西境内黄河以西一带。

⑦"疑女于夫子"，"疑"读成"拟"，当"比拟"讲。"于"，如。

⑧ "而曰" 的 "而" 字通 "乃"，这儿当 "竟然" 讲。

⑨ "索居"，独居。

⑩ "已"，太。

【解题】

　　本篇通过曾子对子夏的责备，说明子夏有三种罪过：对师长不尊敬；对父母不孝；对儿子过分疼爱。曾子认为，这些都不合乎儒家的礼制。

第 七 课

语 法

1 形容词词尾

2 定语的类别

3 定语的后置及其限制

4 定语代替以名词为中心词的主从词组

1 形容词词尾

"如"、"然"、"尔"等字，粘附在形容词之后，是古代汉语形容词的词尾，有"……的样子"的意思。例如：

（一）子之燕居，申申如也，夭夭如也。（《论语·述而》）——"燕居"，在家闲居。

"申申如"，舒适的样子；"夭夭如"，愉快的样子。"申申"和"夭夭"是迭声的形容词，"如"是这两个词的词尾。

（二）宋人有闵其苗之不长而揠之者，芒芒然归。（《孟子·公孙丑上》）——"揠"（yà，丨丫），拔。

"芒芒然"，疲倦的样子，"然"是"芒芒"的词尾。

（三）子路率尔而对。（《论语·先进》）

"率尔"，轻率的样子，"尔"是"率"的词尾。

"如"、"然"、"尔"在古代汉语里是一声之转。

2 定语的类别

在句子里定语是用来修饰名词的，它表示事物的所属、内容或性状等。

定语，按照它们不同的性质，可以分为三类：

一、表示领属关系的定语，这种定语和被修饰的名词之间具有领属关系。

（一）蔺相如亦曰："请以秦之咸阳为赵王寿。"（《史记·廉颇蔺相如列传》）——"寿"，献礼。

（二）膑亦孙武后世之子孙也。（《史记·孙子吴起列传》）

（三）留侯张良者，其先韩人也。（《史记·留侯世家》）——"先"，祖先。

例（一）的"秦"是"咸阳"的定语，表示咸阳是属于"秦"的；例（二）的"孙武后世"是"子孙"的定语，表示"子孙"是属于"孙武后世"的。这两个例子里的"之"字是定语的标志可以译为"的"。例（三）的"其"是代词，指代"留侯张良"，充当"先"的定语，表示"先"是属于"留侯张良"的，"其"字本身还隐含着一个"之"字，具有定语标志的作用。

二、表示同一关系的定语，这种定语用来说明被修饰的名词所表示的事物的内容。例如：

（一）以卫鞅为左庶长，卒定变法之令。（《史记·商君列传》）——把卫鞅任命为左庶长，终于制定了改变旧法的命令。

（二）臣不幸，有罢癃之病。（《史记·平原君虞卿列传》）——"罢癃"，老年人的一种驼背弯腰的病。"罢"（pí，ㄆ丨），"癃"（lóng，ㄌㄨㄥ）。

例（一）的"变法"是"令"的定语，说明"令"的内容是"变法"。例（二）的"罢癃"是"病"的定语，说明"病"情是

"罢癃"。

三、表示一般修饰关系的定语，这种定语用来表示事物的性质、数量、时间、范围等。例如：

（一）〔公孙鞅〕年虽小，有奇才。（《史记·商君列传》）

（二）草食之兽不疾易薮，水生之虫不疾易水。（《庄子·田子方》）——"疾"，怕。"薮"（sǒu，ㄙㄡˇ），长草的低湿的地方。

（三）高祖为人，隆准而龙颜，美须髯，左股有七十二黑子。（《史记·高祖本纪》）——隆准，高鼻子。"龙颜"，龙样的面貌。"股"，大腿。

（四）毛先生以三寸之舌，彊于百万之师。（《史记·平原君虞卿列传》）

（五）樊哙曰："今日之事如何？"（《史记·项羽本纪》）

（六）天下事大定矣，君王自为之。（《史记·项羽本纪》）

例（一）的"奇"是形容词，充当"才"的定语，是表示性质的。例（二）的"草食"、"水生"是两个词组，分别充当"兽"和"虫"的定语，也是表示性质的。例（三）的"隆"是形容词，充当"准"的定语，"龙"是名词，充当"颜"的定语，"美"是形容词，充当"须髯"的定语，都是表示状态的。例（三）的"七十二"和例（四）的"三寸"、"百万"两个词语，分别充当"黑子"、"舌"和"师"的定语，是表示数量的。例（五）的"今日"是名词，充当"事"的定语，是表示时间的。例（六）的"天下"是名词，充当"事"的定语，是表示范围的。

定语和它所修饰的名词构成主从词组。定语一般放在中心词之前，用助词"之"标志，有时也可以不用。定语有时也可以放在中心词之后，这种句法下面就要详细讨论。

3 定语的后置及其限制

　　定语一般在中心词之前，但有时可以移在中心词之后，这是为了使中心词突出，或是为了使文句流畅顺口。这种定语后置的句法，在古代汉语里常常见到。

　　定语移在中心词之后，要用"者"字煞尾。例如：

　　（一）严仲子恐诛，亡去，游求人可以报侠累者。（史记·刺客列传》）

"人"是中心词。"可以报侠累"，是定语，移在"人"之后，用"者"字煞尾。"报侠累"就是"向侠累报仇"的意思。

　　（二）婴乃言袁盎、栾布诸名将贤士在家者进之。（《史记·魏其武安侯列传》）——窦婴于是推荐袁盎、栾布等在家闲住的名将贤士，使他们得到任用。

这个句子实际上就是"诸在家之名将贤士"的倒装。

　　（三）太子及宾客知其事者，皆白衣冠以送之。（《史记·刺客列传》）——"白衣冠"，穿着白色的衣服和戴着白色的帽子。"宾客知其事者"也就是"知其事之宾客"的倒装。

　　有时在中心词和后置的定语之间加"之"字，使其表面上具有分母分子的关系。例如：

　　（四）五谷，种之美者也。（《孟子·告子上》）

　　（五）孟子曰："伯夷，圣之清者也；伊尹，圣之任者也；柳下惠，圣之和者也；孔子，圣之时者也。……"（《孟子·万章下》）

例（四）"种之美者"，"之"字加在中心词和后置的定语之

152

间，使"种"和"美者"之间表面上具有分母和分子的关系，这种用法的"之"字可以译为"里头的"。"种之美者"，意思是"种子里头的美好的"。例（五）的四个"之"字用法同。"圣之清者"，意思是"圣人里头的清洁的"；"圣之任者"，意思是"圣人里头的负责的"；"圣之和者"，意思是"圣人里头的随和的"；"圣之时者"，意思是"圣人里头的合乎时宜、机动灵活的。"

有时在中心词和后置的定语之间加"而"字。例如：

（六）子贡问曰："有一言而可以终身行之者乎？"子曰："其恕乎？——己所不欲，勿施于人。"（《论语·卫灵公》）

（七）老而无妻曰鳏，老而无夫曰寡，老而无子曰独，幼而无父曰孤。此四者，天下之穷民而无告者。（《孟子·梁惠王下》）——"穷民"，走投无路的老百姓。"无告"，没有人可告，无依无靠的意思。

这种用法的"而"字，不是连词，而是助词，有一种调协语句音节的作用。

定语的后置是有一定的限制的。

表示领属关系的定语和表示同一关系的定语，就只能放在中心词之前，而不能移在中心词之后。比方说，"秦之咸阳"，不能说成"咸阳之秦者"，"罢癃之病"，不能说成"病之罢癃者"。

4 定语代替以名词为中心词的主从词组

前面我们已经说过，定语是用来修饰名词的，这样构成的一个主从词组，表示了一个比较复杂的意思。可是在古代汉语里，在一定的上下文中，在不妨碍文意了解的情况下，某些一般性的定语可以代替以名词为中心词的主从词组。换句话说，这个被修饰的名词（中心词）可以省略。这个被省略了的名词（中心词）是指人的 名 词 或 指事物的名词。例如：

（一）赏必加于有功，而刑必断于有罪。（《史纪·范雎蔡泽列传》）

"有功"即"有功劳的人"；"有罪"即"有罪的人"。省略了指人的中心词。

（二）闻大王起兵，且不听不义。（《史记·项羽本纪》）

"不听不义"即"不听不义之命"，省略了指事情的中心词。

（三）为肥甘不足于口与？轻煖不足于体与？（《孟子·梁惠王上》）

"肥甘"即"肥甘之食"，"轻煖"即"轻煖之衣"，省略了指事物的中心词。

课　文

1.孟子见梁襄王。出，语①人曰："望之不似人君，就之而不见所畏焉。卒然②问曰：'天下恶乎定？'③ 吾对曰：'定于一。''孰能一④之？'对曰：'不嗜⑤杀人者能一之。''孰能与⑥之？'对曰：'天下莫不与也，王知夫苗乎？七八月之间旱，则苗槁矣。天油然⑦作云，沛然⑧下雨，则苗浡然兴之矣⑨。其如是⑩，孰能御之？今夫天下之人牧⑪，未有不嗜杀人者也。如有不嗜杀人者，则天下之民皆引领而望之矣⑫。诚如是⑬也，民归之由水之就下⑭，沛然谁能御之？'"（《孟子·梁惠王上》）

【注解】

①"语"（yù，ㄩˋ），告诉。

②"卒然"，突然。"然"是古代汉语形容词词尾。

③"天下恶乎定"，"恶"（wù，ㄨˋ），是古代汉语的疑问代词。这儿的"乎"字等于"于"。"恶乎"就是"于何"。在古代汉语中，疑问代词充当介词的宾语，放在介词的前面。

④"一"，统一。

⑤"嗜"，爱好。

⑥"与"，归从。

⑦"油然"，充盛的样子（形容雨前的浓云密布）。"然"是古代汉语形容词词尾。

⑧"沛然"，盛大的样子（形容雨大而且急）。"然"是古代汉语形容词词尾。

⑨"则苗浡然兴之矣"，这儿的"之"字是用来凑足一个音节的。"浡然"，旺盛的样子（形容禾苗长得很盛）。"然"是形容词词尾。

⑩"其如是"，这儿的"其"字当"如果"讲，是古代汉语表示 假设的连词。

⑪"人牧"，统治人民的人（指君王）。"人牧"等于"牧人者"。

⑫"引领而望之"，"引领"，伸着脖子。这儿的"而"字联系"引领"和"望之"这两个动作行为，前者是后者的方式。这种用法的"而"字可以不必译出。

⑬"诚如是"，这个"诚"字当"果真"、"如果"讲，也是古代汉语表示假设的连词。

⑭"民归之由水之就下"，这儿的"由"字同"犹"，当"如同"讲。"水之就下"原是"水就下"，用"之"取消其独立性，作"由"的宾语。

【解题】

这一章表现出孟子反对兼并战争的思想，这种思想在当时反映了人民的要求。

但是他主张用"仁政"来代替战争以求得统一，这仍是统治阶级用来缓和阶级矛盾的手段，并不能彻底解决人民生活的痛苦。

2.昔者①，有馈生鱼于郑子产②，子产使校人③畜之池。校人烹之。反命④曰："始舍之，圉圉焉，少则洋洋焉⑤，攸然而逝⑥。"子产曰："得其所哉！得其所哉⑦！"校人出，曰："孰谓子产智？予既烹而食之⑧，曰：'得其所哉！得其所哉！'"（《孟子·万章上》）

【注解】

①这儿的"昔"字当"从前"讲，"昔"字后头加"者"字表示停顿。

②"有馈生鱼于郑子产"，这儿的"有"字同"或"，当"有人"讲。"生鱼"，活鱼。这儿的"于"字是"给"的意思。

③"校人"，管理池沼的小官。"畜之池"，等于说"畜之于池"，这个位置上的"于"字当"在"讲，古代汉语里常常省略。

④"反命"，回报。"舍"，捨，放。"少"，稍过了一会儿。

⑤"囷囷焉"，侷促困倦的样子。"囷"（yǔ，ㄩˇ）。"洋洋焉"，舒扬得意的样子。这儿的"焉"字粘附"囷囷"、"洋洋"之后，有人以为也是古代汉语形容词的词尾。

⑥"攸然而逝"，"攸然"，自得的样子。这儿的"然"字粘附在"攸"字之后，是古代汉语形容词的词尾。"逝"，游向水的深处。这儿的"而"字是助词，它标志"攸然"是"逝"的状语。

⑦"得其所哉"的"所"字是名词，当"处所"、"地方"讲。

⑧"予既烹而食之"，这儿的"既"字当"已经"讲。"而"连接"烹"和"食"这两个同属于一个主动者的在时间上一先一后的动作行为。

3.禹稷当平世①，三过其门而不入，孔子贤之。颜子当乱世②，居于陋巷③，一箪食④，一瓢饮⑤，人不堪其忧，颜子不改其乐，孔子贤之。孟子曰："禹稷颜回同道⑦。禹思天下有溺者，由己溺之也。稷思天下有饥者，由己饥之也。是以如是其急也⑧。禹稷颜子易地⑨则皆然。今有同室之人斗者⑩，救⑪之，虽被发缨冠⑫而救之，可也。乡邻⑬有斗者，被发缨冠而往救之，则惑⑭也，虽闭户可也。"（《孟子·离娄下》）

【注解】

①"禹稷当平世"，"禹"是夏代的帝王，相传他治洪水有很大的功绩。"稷"是周人的始祖，相传他做过尧时的农官。"平世"，太平时代。

②"颜子当乱世"，"颜子"是孔子的学生颜回。"乱世"跟"平世"相反，混乱的时代。

③"陋巷"，陋狭的住处。（注意：这儿的"巷"字不是指街巷之巷。）

④"一箪食"，一竹筐饭。"箪"（dān，ㄉㄢ），古代盛饭的圆形竹器。

⑤"一瓢饮"，一瓜瓢水。

⑥"人不堪其忧"，旁人受不了那种忧苦。

⑦"禹稷颜回同道"，意思是夏禹后稷和颜回所遵循的"道"（原则、

准则）相同。

⑧ "是以如是其急也"，"是以"，因 此。"如是其急 也"，等 于 说
"其急也如是"，意思是说夏禹后稷才如此这般地忧急的。有人认为这儿的
"其"字等于"之"，"如是其急"就是"如是之急"。

⑨ "易地"，换个处境，换个地位。

⑩ "同室之人斗者"，"斗"，互相争斗。这个"斗"字本来是 名词
"人"的定语，现在移在中心词"人"的后面，用"者"字煞尾。

⑪ "救"，止，这儿有"排解"的意思。

⑫ "虽被发缨冠"，这儿的"虽"字当"即使"、"就是"讲。"被发"，
披散着头发，来不及把头发束好。"缨冠"，"缨"本来是冠上的绳子，自
上而下地系在颈上的。这里"缨冠"的意思是急于戴冠，来不及把缨子系在
颈上，和冠一起戴在头上。"被发缨冠"，言其非常慌忙。

⑬ "乡邻"，旧说"五家为邻，五邻为里，万二千五百家为乡，五百家为
党"，这儿的"乡邻"，是家乡街坊的意思。

⑭ "惑"，奇怪，很难理解。

【解题】

孟子认为：夏禹后稷的"三过其门而不入"和颜回的"贫而乐"，在为
人处世的基本原则上是相同的。其所以一劳一佚，乃是由于他们所处的地位
不同，所处的时代不同。这种看法，透露了孟子的"不在其位，不谋其政"
的消极思想。

这种思想又反映在下文的比喻里：同 室相斗，就应该急起排解；乡邻
相斗，就可以闭户不管。——同室相斗，"虽被发缨冠而救之可也"，这是
对的；乡邻相斗，如果也"被发缨冠而往救之"，在孟子看来，这就是"不
知止"，这种看法是错误的。

4. 子曰："士志于道而耻恶 衣恶 食 者①，未 足② 与 议③也。"（《论语·里仁》）

【注解】

① "士志于道而耻恶衣恶食者"，其实是"志于道而耻恶衣恶食之士"
的倒装，定语包含的字数较多，放在中心词的 前 面读起来嫌累赘笨重，所

以把它倒装在中心词的后面，用"者"字煞尾，在中心词"士"和后置的定语"志于道而耻恶衣恶食"之间没有加"之"字。"志于道"，专心向往于道。"耻恶衣恶食"，就是"以恶衣恶食为耻"。"恶"，当"粗劣"讲。

②"未足"，不必，不值得。

③"与议"，就是"与之议"（这个"之"指代上文的那种"士"）。在古代汉语里，介词"于"的宾语（一般是代词"之"）常常省略。"议"，商议，商讨。

【解题】

在这一章里，孔子谴责了那些向往于"道"而又以恶衣恶食为耻的虚伪之士。

5.子贡问为仁。子曰："工欲善其事①，必先利其器。居是邦②也，事其大夫之贤者③，友其士之仁者④。"（《论语·卫灵公》）

【注解】

①"善其事"的"善"，"利其器"的"利"，都是形容词的使动用法，意思就是"使其事善"（把他的工作做好），"使其器利"（把他的工具弄快）。

②"居是邦"，住在这个国家。

③"事其大夫之贤者"的"事"是动词，当"侍奉"讲。"大夫之贤者"，这种句法其实是"贤大夫"的倒装——定语"贤"倒装于中心词"大夫"的后面，用"者"字煞尾，再在定语和中心词之间加"之"字，这个"之"字使其表面上具有分母分子的关系，当"里头的"讲。"大夫之贤者"，译成现代汉语可以说成"大夫里头的贤良的"。

④"友其士之仁者"的"友"用作动词，当"结交"讲。"士之仁者"，句法跟"大夫之贤者"一样。

【解题】

这一章说明了孔子所主张的"为仁"的途径。他认为侍奉什么人，结交什么人，应有所选择；但他所说的"贤"和"仁"都是统治阶级的道德标准。

但是"工欲善其事，必先利其器"这个真理，对我们还是很有用处的。

6.越王①问于大夫种曰："吾欲伐吴，可乎？"对曰："可矣，吾赏厚而信②，罚严而必③，君欲知之，何不试焚宫室？"于是遂焚宫室④，人莫救之。乃下令曰："人之救火死者，比死敌⑤之赏；救火而不死者，比胜敌之赏；不救火者，比降北⑥之罪。"人之涂其体、被濡衣而赴火者⑦，左三千人，右三千人，此知必胜之势也。（《韩非子·内储说上》）

【注解】

①"越王问于大夫种"，种指文种。

②"赏厚而信"，赏得很多而且有信用。

③"必"，果断，决断。

④"于是遂焚宫室"，这儿"于是"和"遂"连起来用，只当"于是"或只当"遂"讲。

⑤"比死敌之赏"，"比"，比照。"死敌"，"敌"当"抗敌"讲，是动词，在这里作"死"的宾语。"死"和"敌"之间的关系是特殊的动宾关系，意思是"为抗敌而牺牲"。

⑥"北"，败走。

⑦"人之涂其体，被濡衣而赴火者"，即"涂其体、被濡衣而赴火之人"。句法特点是：定语"涂其体，被濡衣而赴火"移往中心词"人"之后，在中心词和后置定语之间加"之"标志，用"者"煞尾。

【解题】

韩非子是主张法治的，在这里他藉"焚宫室"的故事说明统治者要对人民守信，赏罚分明，从而证明法治的重要性。这种主张，在当时虽然有一定进步性；但是，他的出发点仍是维护统治阶级的利益的。

7.马骇舆①，则君子不安舆；庶人②骇政，则君子不安位。马骇舆，则莫若③静之④；庶人骇政，则莫若惠之⑤。选贤良，举笃⑥敬，兴⑦孝悌，收孤寡，补贫穷⑧，如是，则庶人安政。庶人安政，然后君子安位⑨。传⑩曰："君者，舟也；庶人者，水也。水则载舟，水则复舟。"此之谓⑪也。（《荀子·王制》）

【注解】

① "舆"，车。

② "庶人"，普通老百姓。

③ "莫若"，不如。

④ "静之"，使之静，这儿的"静"字是形容词的使动用法。

⑤ "惠之"，"惠"当"恩情"、"好处"讲，"之"指代上文的"庶人"，意思是加惠于庶人。

⑥ "笃"，忠实，全心全意。

⑦ "兴"，提倡，鼓励。

⑧ "贤良"、"笃敬"、"孝悌"、"孤寡"、"贫穷"，都是以定语代替以名词为中心词的主从词组。"贤良"，就是贤良之人；"笃敬"，就是笃敬之人；"孝悌"，就是孝悌之德；"孤寡"，就是孤寡之人；"贫穷"，就是贫穷之人。

⑨ "君子不安舆"，"君子不安位"，"庶人安政"，"君子安位"，这些句子的"安"字下面都省略"于"字。

⑩ "传曰：'……'"，《荀子》书中常有"传曰：'……'"，所引的话都是传闻。

⑪ "此之谓也"，就是"谓此也"，"此"作为"谓"的宾语，调到前头，加"之"标志。

【解题】

荀子看到了人民的力量，在当时敢于大胆地提出"君者，舟也；庶人者，水也。水则载舟，水则复舟"，这是很不容易的。但从另一方面看，荀子的这些话还是给统治阶级的警告,劝统治阶级要照顾一些人民的利益,来缓和阶级矛盾,巩固他们的统治地位。

8. 臧孙①行猛政②,子贡非之③,曰:"独不闻子产之相郑乎④?推贤举能⑤,抑恶扬善⑥;有大略⑦者不问其短,有厚德者不非小疵⑧;家给人足⑨,囹圄⑩空虚。子产卒,国人皆叩⑪心流涕,三月不闻竽⑫琴之音。其生也见爱,死也可悲⑬!"(《后汉书·陈宠传·引新序》)

【注解】

①"臧孙",复姓。

②"猛政",苛刻暴虐的政令。

③"子贡非之","非",责难。

④"独不闻子产之相郑乎","独",难道,表示反问语气的副词。

⑤"推贤举能",推荐贤人,抬举有能力的人。

⑥"抑恶扬善","抑",遏止。"扬",表扬。

⑦"大略",大计谋。

⑧"小疵",小毛病。

⑨"家给人足"的"给"和"足"是同义词,都当"富足"讲。这句话的意思是"家家富足,人人富足"。

⑩"囹圄"(líng yǔ,ㄌㄧㄥ ㄩ),监狱。

⑪"叩",槌。

⑫"竽"(yū,ㄩ),古代的一种乐器。

⑬"其生也见爱,死也可悲",他活着的时候被人爱戴,死后使人悲伤。"见爱",是被动式,即"被爱"。

【解题】

子贡给行猛政的统治者以警告,举出子产做效仿的榜样,藉以缓和阶级矛盾,以便巩固统治者的地位。但尽管如此,子贡的主张如能实现,在客观上还是会给人民带来一些好处的。

第 八 课

语 法

1 助词"者"的用法
2 助词"所"的用法
3 "有所……"、"无所……"、"何所……"
4 第三身代词"之"、"其"的活用
5 指代性的副词"相"、"见"的用法

1 助词"者"的用法

在古代汉语中，作为助词的"者"字，它本身不能单独使用，一定要粘附在别的词语之后，构成一个名词性的主从词组，含有"……的人"、"……的事情"、"……的东西"等意思，有称代的作用。例如：

（一）贤者识其大者，不贤者识其小者。（《论语·子张》）

"贤者"、"不贤者"，意思是"贤德的人"、"不贤德的人"，分别充当这两个小句的主语。"大者"、"小者"，意思是"重大的道理（或事情）"、"细小的道理（或事情）"，分别充当这两个小句动词"识"的宾语。这个例子中的"者"字是粘附在形容词"贤"、"大"、"小"的后面的。

（二）射者正己而后发。（《孟子·公孙丑上》）

这个例子中的"者"字是粘附在动词"射"的后面的。"射者"，

163

意思是"射箭的人",充当句子的主语。

　　(三)夺项王天下者,必沛公也。(《史记·项羽本纪》)
这个例子中的"者"字是粘附在动宾词组"夺项王天下"的后面
的。"夺项王天下者",意思是"夺取项王天下的人",充当句
子的主语。

　　(四)从天坠者,从地出者,从四方来者,皆离吾纲。
(《吕氏春秋·异用》)——"离",遭罹。
这个例子中的三个"者"字粘附在"从天坠"、"从地出"、"从
四方来"的后面,构成三个名词性的词组,作为全句的主语。

　　(五)吾未见力不足者。(《论语·里仁》)
这个例子中的"者"字粘附在"力不足"的后面,"力不足者",
意思是"力量不够的人",充当动词"见"的宾语。

　　助词"者"字放在数词之后,仍有称代作用,但是不当"……
的东西(事情)"讲,而是当"……样(件)东西(事情)"
讲。例如:

　　(六)鱼,我所欲也;熊掌,亦我所欲也。二者不可得
兼,舍鱼而取熊掌者也。(《孟子·告子上》)
这个例子里的"二者",意思是"两样东西",指上文的"鱼"
和"熊掌"。

　　用"似"、"若"与"者"构成的"似……者"、"若……
者",意思是"好象……似的"。例如:

　　(一)孔子于乡党,恂恂如也,似不能言者。(《论语·
乡党》)——"于乡党",在本乡地方上。"恂恂",非常恭
顺。

　　(二)已而相泣,旁若无人者。(《史记·刺客列传》)

（三）于是公子立自责，似若无所容者。（《史记·魏公子列传》）

例（一）"似不能言者"，意思是"好象不能说话似的"；例（二）"旁若无人者"，意思是"旁边好象没有人似的"；例（三）"似若无所容者"，意思是"好象无地自容似的"。

2 助词"所"的用法

在古代汉语中，作为助词的"所"字一般放在及物动词之前，指示动词所表示的动作行为的对象。例如：

（一）秦王谓轲曰："取舞阳所持地图！"（《史记·刺客列传》）

（二）王所赐金帛，归藏于家，而日视便利田宅可买者买之。（《史记·廉颇蔺相如列传》）

例（一）的"所"字放在动词"持"的前面，指示"持"的对象"地图"。例（二）的"所"字放在动词"赐"的前面，指示"赐"的对象"金帛"。

由于助词"所"字放在及物动词之前，对于动作行为的对象具有指示的作用，所以"所"字和及物动词构成的词组，对动作行为的对象说来就带有定语的性质，因而可以在这个词组的后面加助词"之"来标志。比方说，例（一）的"所持地图"可以说成"所持之地图"；例（二）的"所赐金帛"可以说成"所赐之金帛"。

如果"所"字所指示的动作行为的对象是不必明言或不可明言的人或事物，那么就可以在动词之后加助词"者"字。例如：

（三）聂政大呼，所击杀者数十人。（《史记·刺客列传》）

（四）所言者，国之大事也，愿先生勿泄。（《史记·刺客列传》）——"愿"，希望。

例（三）的"所击杀者"等于说"所击杀之人"；例（四）的"所言者"等于说"所言之事"。由此可见，"所·及物动词·者"这样的词组具有名词的性质。

有时这个"者"字可以不用，这时"所"字就兼有指示和称代的双重作用。这可以从下面这个例子里看出来：

（五）太子送至门，戒曰："丹所报，先生所言者，国之大事也。愿先生勿泄也！"（《史记·刺客列传》）——"戒"，告诫。

在这个例子里，"所报"的意思是所说的心事，后面没有用"者"字。可见"所报"等于说"所报者"。因此"所·及物动词"这样的词组同样具有名词的性质。

既然"所·及物动词"具有名词性，那么它在句中就可以充当主语。例如：

（六）得原失信，何以庇之？所亡滋多！（《左传·僖公二十五年》）——"原"，春秋时代的一个小国。"庇之"，保护他们（指人民）。"亡"，损失。

（七）至吴将麾下，所杀伤数十人。（《史记·魏其武安侯列传》）

例（六）的"所亡"是主语，"滋多"是谓语；例（七）的"所杀伤"是主语，"数十人"是谓语。

既然"所·及物动词"具有名词性，那么它在句中也就可以充当宾语。例如：

（八）语曰："庸主赏所爱而罚所恶。明主则不然，赏必

加于有功，而刑必断于有罪。"（《史记·范睢蔡泽列传》）

（九）儿子动不知所为，行不知所之。（《庄子·庚桑楚》）

例（八）"所爱"指代所爱之人，充当动词"赏"的宾语；"所恶"指代所恶之人，充当动词"罚"的宾语。例（九）"所为"指代"所为之事"，充当动词"知"的宾语；"所之"指代所到之地，充当动词"知"的宾语。

既然"所·及物动词"具有名词性，那么它在句中就可以被定语所修饰。它的定语一般是名词或代词。例如：

（十）秦之所恶，独畏马服君赵奢之子赵括为将军耳。（《史记·廉颇蔺相如列传》）——"恶"，畏忌，憎恨。马服君是赵奢的封号。

（十一）粟者，民之所种，生于地而不乏。（《汉书·食货志》）

例（十）的"秦"是名词性词组"所恶"的定语，有助词"之"标志；例（十一）的"民"是名词性词组"所种"的定语，也有助词"之"标志。但也有不用助词"之"标志的。例如：

（十二）仲弓为季氏宰，问政。子曰："先有司，赦小过，举贤才。"曰："焉知贤才而举之？"曰："举尔所知，尔所不知，人其舍诸？"（《论语·子路》）——"有司"，古代管理事务的小官，"先有司"，走在自己下属的前头（意思是在工作中带头）。"舍"，捨弃，埋没。

这个例子里的"尔"是名词性词组"所知"和"所不知"的定语，没有用助词"之"标志。

3 "有所……"、"无所……"、"何所……"

在古代汉语中常常见到在"所·及物动词"这个名词性词组

167

的前面用"有"字或"无"字。从句法上分析，这个"有"字或"无"字是主要动词，"所·及物动词"这个名词性词组是充当"有"或"无"的宾语的。例如：

（一）荆轲有所待，欲与俱；其人居远，未来，而为治行。（《史记·荆轲列传》）——荆轲等待着一个人，想要同他一块儿去〔秦国〕；那个人在远方，还没有来，〔荆轲〕就替他先整备行装。

（二）于众人广坐之中，不宜有所过，今公子故过之。（《史记·魏公子列传》）——"过"，过访。"故"，特意。

（三）上复骂曰："诸将亡者以十数，公无所追，追信诈也。"（《史记·淮阴侯列传》）——"数"，计算。

（四）夫锐气挫于险塞，而粮食竭于内府，百姓罢极怨望，容容无所倚。（《史记·淮阴侯列传》）——"内府"，内库。"罢"，同"疲"，"怨望"，怨恨。

如果照字面上来硬译，那么——

例（一）的"荆轲有所待"，当是"荆轲有所等待〔的人〕"；

例（二）的"不宜有所过"，当是"不应该有所过访〔的人〕"；

例（三）的"公无所追"，当是"你没有所追〔的人〕"；

例（四）的"容容无所倚"，当是"摇动不定没有所倚靠〔的东西〕"。

但是这样的翻译显然不合现代汉语的说法。比较恰当的翻译应该是——

例（一）：荆轲等待谁；

例（二）：不应该过访谁；

例（三）：你没有追谁；

例（四）：摇动不定没有什么倚靠。

"谁"、"什么"这些疑问词在上面这四句译文中都不是用来表示询问的，而是借用来指称不必明言或不可明言的人或事物的。但是古代汉语的疑问词"谁"、"何"都没有这种用法，要表达这层意思，就得借助于"所"字。——表示肯定的用"有所……"，表示否定的用"无所……"。

在古代汉语中，又常常见到在"所·及物动词"这个名词性词组的前面用"何"字，构成"何所……"的说法，其实这个说法不过是"所……〔者〕〔为〕何"的压缩和倒装。例如：

（五）公欣然曰："白雪纷纷何所似？"（《世说新语·言语》）

（六）任天下勇武，何所不诛？（《史记·淮阴侯列传》）

例（五）的"何所似"就是"所似者为何"，意思是"像的东西是什么"。这跟"象什么"意思虽然差不多，但是句法不同。"象什么"用古代汉语来说是"何似"，"似"是动词，"何"是疑问代词作宾语，放在动词前面。而"何所似"是一个句子，主语是"所似〔者〕"，谓语是"何"，由于古汉语疑问词一般不放在句尾，所以"何"字倒装在"何似"的前面，这样就构成了"何所似"的说法。

同样，例（六）的"何所不诛"就是"所不诛者为何"，意思是"不被诛灭的地方是哪儿"，不过这是一个反问句，并不要求回答，意思是什么地方都可以诛灭。

4　第三身代词"之"、"其"的活用

在古代汉语里，第三身代词"之"和"其"可以灵活运用于指代第一身和第二身，这种用例，在古书上常常见到，应该特别

注意。下面分别讨论。

第一，"之"字活用于指代第一身。例如：

（一）孔子见齐景公，景公致廪丘以为养，孔子辞不受。出谓弟子曰："吾闻君子当功以受禄，今说景公，景公未之行，而赐之廪丘，其不知丘亦甚矣!"令弟子趣驾，辞而行。（《吕氏春秋·高义》）——"致"，送致，给予。"当功以受禄"，跟功劳相当来接受俸禄。"说"（shuì，ㄕㄨㄟˋ），劝说。"趣驾"，就是"促驾"，赶快驾起车来。

（二）（侯生）曰："……然公子遇臣厚，公子往而臣不送，以是知公子恨之复返也。"（《史记·魏公子列传》）

（三）朱亥笑曰："臣乃市井鼓刀屠者，而公子亲数存之，所以不报谢者，以为小礼无所用，今公子有急，此乃臣效命之秋也。"（《史记·魏公子列传》）——"市井鼓刀屠者"，市场中动刀宰牲的屠夫。"亲"，亲自。"数"（shuò，ㄕㄨㄛˋ），屡次。"存"，慰问。"秋"，时候。

例（一）"赐之廪丘"等于说"赐我廪丘"；例（二）"公子恨之复返"等于说"公子恨我而复返"；例（三）"公子亲数存之"等于说"公子亲数存我"。这些"之"字都是活用于指代第一身的。

第二，"之"字活用于指代第二身。例如：

（一）襄子击金而退之。军吏谏曰："君诛中牟之罪而城自坏者，是天助之也，君曷为而退之？"（《韩诗外传六》）——"曷为"，为什么。

（二）通说范阳令徐公曰："臣，范阳百姓蒯通也。窃闵公之将死，故吊之。"（《汉书蒯通传》）——"吊"，警告。

例（一）"是天助之也"，意思是这是上 天 帮 助 你；例（二）"故吊之"，意思是所以警告你。这些"之"字都是活用于指代第二身的。

第三，"其"字活用于指代第一身。例如：

（一）民知穷困，而受盟于楚。孤也与其二三臣不能禁止。不敢不告。（《左传·襄公八年》）

（二）〔滕世子〕谓然友曰："吾他日未尝学问，好驰马试剑；今也，父兄百官不我足也，恐其不能尽于大事，子为我问孟子。"（《孟子·滕文公上》）——"父兄"，指同姓诸臣。"百官"，指异姓诸臣。

（三）昔者宋昭公出亡，谓其御曰："吾知其所以亡矣。"（《韩诗外传六》）——"御"，驾车的人。

例（一）"其二三臣"等于说"孤之二三臣"，意思是我的臣子们；例（二）"恐其不能尽于大事"的"其"字等于"我之"，其中隐含的"之"字是用来取消这个小句的独立性的，因为它充当了动词"恐"的宾语；例（三）"吾知其所以亡矣"等于说"吾知我之所以亡矣"，意思是我知道我出亡的原因了。这些"其"字都是活用于指代第一身的。

第四，"其"字活用于指代第二身。例如：

（一）天子发政于天下之百姓，言曰："闻善而不善，皆以告其上。……"（《墨子·尚同上》）——"而"，与。"上"，上司。

（二）此子材，吾受其赐；不材，吾怨子。（《史记·晋世家》）

（三）今子爱谗以自危也，甚矣其惑也！（《左传·昭公二十七年》）——"惑"，糊涂。

例（一）"告其上"，意思是报告你们的上司；例（二）"吾受其赐"，意思是我接受你的恩惠。例（三）"甚矣其惑也"，等于说"甚矣子之惑也"，意思是你太糊涂了。这儿的"其"字等于"子之"，其中隐含的"之"字是用来取消"子惑也"这个小句的独立性的，因为它充当了全句倒装的主语。

第三身代词"之"、"其"的活用，决定于具体的上下文，并没有什么规律。因此，我们在阅读古书时必须仔细研究上下文意，才不致发生误解。

5 指代性的副词"相"、"见"的用法

在古代汉语里，副词"相"字用在及物动词的前面有两种意思：第一是"互相"，它表示某一动作行为的施事者同时又是这一动作行为的受事者。例如：

（一）父子相夷则恶矣。（《孟子·离娄上》）——"夷"，伤害。

（二）季辛与爰骞相怨。（《韩非子·内储说下》）

（三）四人相视而笑。（《庄子·太宗师》）

第二是"递相"，它表示某一动作行为一个接着一个实现。例如：

（四）前后相随。（《老子》）

（五）天下者，高祖天下；父子相传，此汉之约也。（《史记·魏其武安侯列传》）

试比较例（一）和例（五），"父子相夷"，意思是"父夷子，子夷父"；而"父子相传"，意思是"父传子，子传孙……"这样一代一代地传下去。可见"相"字的这两种意思是不同的。

但是下列三组例句里的"相"字用在及物动词的前面，既不表示"互相"，也不表示"递相"，而具有称代动作行为的受事者的作用。

第一组，副词"相"字所称代的动作行为的受事者是第一身：

（一）始吾与公为刎颈交；今王与耳旦暮且死，而公拥兵数万，不肯相救。（《史记·张耳陈余列传》）——"刎颈交"，生死交。

（二）后世谁相知定吾文者邪？（《三国志·魏书·陈思王植传》注引《典略》载植与杨脩书）——"定"，评定，评价。

（三）文帝尝令东阿王七步中作诗，不成者，行大法。应声便为诗曰："煮豆持作羹，漉豉以为汁，其在釜下燃，豆在釜中泣。'本自同根生，相煎何太急！'"帝深有惭色。（《世说新语·文学》）——"行大法"，处死刑。"漉"（lù，ㄌㄨˋ），滤。"豉"（chǐ，ㄔˇ），豆豉。"萁"（qí，ㄑㄧˊ），豆茎。"釜"（fǔ，ㄈㄨˇ），锅。

例（一）的"相救"等于说"救我"；例（二）的"相知"等于说"知我"；例（三）的"相煎"等于说"煎我"。

第二组，副词"相"字所称代的动作行为的受事者是第二身：

（一）子敬，孤持鞍下马相迎，足以显卿未？（《三国志·吴书·鲁肃传》）——"足以"，足够。"显"，表扬，表彰。"卿"，你。"未"，否。

（二）汝知悔过伏罪，今一切相赦。（《后汉书·冯鲂

173

传》）

（三）请王赠别，有此琵琶，今以相与。（《宋书·张畅传》）

例（一）的"相迎"等于说"迎你"；例（二）的"相赦"等于说"赦你"；例（三）的"相与"等于说"给你"。

第三组，副词"相"字所称代的动作行为的受事者是第三身：

（一）关东流民饥寒疾疫，已诏吏……相振救。（《汉书·于定国传》）——"诏"，命令，动词。"振救"，救济。

（二）穆居家数年，在朝诸公多有相推荐者。（《后汉书·朱穆传》）

（三）生子无以相活，率皆不举。（《三国志·魏书·郑浑传》）——"率"，大都。

例（一）的"相振救"等于说"振救他们"；例（二）的"相推荐"等于说"推荐他"；例（三）的"相活"等于说"活之"，这儿的"活"字为使动用法，"之"指代"子"。

副词"相"字的这种称代用法，在先秦古书上不大见到，两汉魏晋以后，才用得多起来。

正如古代汉语里第三身代词"之"、"其"的活用一样，"相"字所称代的动作行为的受事者是第一身，是第二身，还是第三身，这完全决定于具体的上下文。这就要求我们在阅读古书时要仔细研究，加以分辨，才不致发生误解。

在古代汉语里，"见"字用在及物动词的前面表示被动，这在第五课里我们已经讨论过。现在我们要讨论的是，魏晋以来"见"字的称代用法。这种用法的"见"字，放在及物动词的前面，它所称代的动作行为的受事者是第一身，但仅限于第一身。例如：

（一）生孩六月，慈父见背。（李密《陈情表》）——"背"，背弃，丢下。

（二）凡举事无为亲厚者所痛，而为见仇者所快。（《后汉书·朱浮传》）

（三）吾相遇甚厚，何以见负？（《晋书·罗企生传》）例（一）的"见背"等于说"背我"；例（二）的"见仇"等于说"仇我"；例（三）的"见负"等于说"负我"。

表示被动的"见"字和表示指代的"见"字，都是放在及物动词的前面，在形式上没有什么区别。我们只能根据具体的上下文来识别它们的用法。

课　文

1.叶公①问政，子曰："近者②说③，远者来。"(《论语·子路》)

【注解】
①叶公是春秋时楚国的大夫，叫沈诸梁。叶（shè,ㄕㄜ），是他的食邑。
②"近者"，"者"是助词，放在形容词之后，意思是近处的〔人〕。下文"远者"，远方的〔人〕。
③"说"就是后来的"悦"字，当"喜乐"讲。"来"这儿有归附的意思。

【解题】
孔子认为要搞好政治，应做到使"近者悦，远者来"，以此来缓和阶级矛盾，巩固统治阶级的统治地位。但他的这种主张在一定程度上也照顾了人民的利益，在当时还是有些进步意义的。

2.郢人有遗燕相国书者①，夜书②，火不明,因谓持烛者曰："举烛！"而误书"举烛"。"举烛"，非书意也。燕相国受书而悦之，曰："举烛者，尚明③也；尚明也者，举贤而任之④。"燕相白⑤王，王大悦，国以治⑥。

治则治矣，非书意也。今世学者，多似此类。(《韩非子·外储说》左上)

176

【注解】

①"郢人有遗燕相国书者"，"郢"（yǐng，｜ㄥˇ），今湖北 江陵县。"遗"（wèi，ㄨㄟˋ），送给。"书"，信。

②"夜书"的"书"字是动词，这儿当"写信"讲。

③"尚明"，以明察为贵。

④"举贤而任之"，选拔贤能的人任用他。

⑤"白"，告诉。

⑥"国以治"，国家因此太平。

【解题】

这个故事讽刺了一般爱穿凿附会的人。

3.子曰："我非生而知之者①，好古敏 以 求 之② 者也。"（《论语·述而》）

【注解】

①"我非生而知之者"，这里的"者"是助词，当"……的人"讲。

②"好"，爱好。"敏"，勤勉。"以"，连词，与"而"同。"之"，泛指"知"和"求"的对象。"古"，这儿指孔子以前的历代文化。

【解题】

孔子认为自己并不是生来就知道一切的人，而是勤勉求得知识 的人。这种认识是正确的。

4.子贡问政。子曰："足食，足兵①，民信之矣②。"子贡曰："必不得已而去③，于斯三者何先④?"曰："去兵。"子贡曰："必不得已而去，于斯二者 何 先？"曰："去食。自古皆有死，民无信不立⑤。"（《论语·颜渊》）

【注解】

①"足食，足兵"，使粮食充足，使兵器充足。

②"民信之矣"，这儿的"之"指代当时的政府和统治者。

177

③ "去"，去掉，废除。

④ "于斯三者何先"，在这三者当中先去掉哪一项。"三者"，指"食"、"兵"、"信"。下文"二者"则指"食"和"信"。

⑤ "民无信不立"，意思是如果人民对政府没有信心，国家就站不起来。

【解题】

孔子认为：一个国家的统治者或政府只有取得人民的拥护，国家才能得到巩固。而武装力量和粮食是次要的。

5. 匡章曰："陈仲子①岂不②诚廉士哉③？居于陵，三日不食，耳无闻，目无见也④。井上有李，螬食实者过半矣⑤。匍匐⑥往，将食之。三咽，然后耳有闻，目有见。"

孟子曰："于齐国之士⑦，吾必以仲子为巨擘焉⑧。虽然，仲子恶能⑨廉？充仲子之操⑩，则蚓而后可者也⑪。夫蚓上食槁壤，下饮黄泉⑫。仲子所居之室⑬，伯夷之所筑与⑭？抑亦盗跖之所筑与⑮？所食之粟，伯夷之所树与？抑亦盗跖之所树与？是未可知也。"

曰："是何伤⑯哉？彼身织屦，妻辟纑⑰，以易之也⑱。"

曰："仲子，齐之世家⑲也。兄戴，盖禄万钟⑳，以兄之禄为不义之禄而不食也；以兄之室为不义之室而不居也；辟兄离母，处于於陵。他日归㉑，则有馈其兄生鹅者，己频顣㉒曰：'恶用是鶂鶂者为哉㉓？'他日其母杀是鹅也，与之食之。其兄自外至，曰：'是鶂鶂之肉也。'

出而哇之。"

以母则不食，以妻则食之。以兄之室则 弗 居，以於
陵则居之。是尚为能充其类㉔也乎？若仲子 者，蚓 而 后
充其操者也。"（《孟子·滕文公下》）

【注解】

①匡章、陈仲子都是战国时齐国人。

②"岂"，难道。"岂不"，等于说"岂非"，难道不是。注意这个
"不"字用与"非"同。

③"诚"，真正的。"廉"，这儿的意思是：不苟求于人，不 依 靠别
人而独立生活，自食其力。

④"闻"，听见（区别于"听"）。"见"，看见（区别于"视"）。

⑤"螬"（cáo，ㄘㄠˊ），李子上的蠹虫。"实"，果实。

⑥"匍匐"（pú fú，ㄆㄨˊㄈㄨˊ），两手伏在地上爬行。

⑦"于齐国之士"，这儿的"于"字当"在……中"讲。

⑧"吾必以仲子为巨擘焉"，"巨擘（bò，ㄅㄛˋ）"，大拇指。这 儿
的"以……为"含有意谓之意。"以仲子为巨擘"，就是以仲子为 最好的
意思，这是修辞性的说法。

⑨"恶能"，哪儿能。古代汉语里"恶"字常和"得"、"能"、"足"
等字连用。

⑩"充"，充分做到，充分贯彻。"操"，节操，操守，操行。

⑪"蚓而后可者也"，"蚓"，蚯蚓。这儿用作动词，意思是"变成
蚯蚓"。这儿的"者"字和"也"字两个语气词连用，表示非常决 定 的语
气。

⑫"槁壤"，干土。"黄泉"，地下的浊水。

⑬"仲子所居之室"，古代汉语里"所"字放在动词之前，有 指 示 作
用，它指示这个动词所表示的动作行为的对象。这儿的"所"字 放 在 动词
"居"的前面，指示"居"的对象——"室"。现代汉语只说"仲子 住 的
屋子"就可以，不必在动词前面加"所"字，当然现在书面语言也 还 有 在
这种场合加"所"字的，这是古代语法的遗留。又"仲子所居之室"的"之"

字可以省去，说成"仲子所居室"，句法和意思都不变。

⑭"伯夷之所筑"，由于"所"字有指示动词所表示的动作行 为 的对象的作用，所以古代汉语里允许在这种场合省略跟在动词之后 而 被"所"字所指示的名词（即动作行为的对象）。象这儿动词"筑"的前面有"所"字，动词后面被"所"字所指示的名词"室"就可以 省去。这时"所"字兼有称代作用，"所筑"具有名词性，被"伯夷"这个定语所 修饰。译成现代的说法就是"伯夷所筑的〔屋子〕"。"之"字是定语的标志，不 必译出。"伯夷"，商末人，耻食周粟，隐居首阳山采薇而食，最后饿死。

⑮"抑亦"，还是。这是古代汉语用于选择问句的连接词。也 可 以单用"抑"。"盗跖"，是古代的一个有名的大盗。

⑯"何伤"，是古代汉语里的一个熟语，论字面"伤"的意思是妨害。"何伤"就是"妨害什么"，跟现代的"有什么关系"相近。

⑰"身"，亲自。"屦"（jù，ㄐㄩˋ），麻鞋。"辟纑"，绩麻。

⑱"以易之也"，这儿的"易"字当"交换"讲。"之"指代上 文 的"室"、"粟"。

⑲"世家"，世世代代做卿大夫的人家。

⑳"兄戴，盖禄万钟"，陈仲子的哥哥名戴，是齐国的卿，盖 是 兄戴的封地。受封的卿大夫收取封地的租税，作为收入，这叫"禄"。"钟"是古代量制的单位，旧说等于"十釜"。"万钟"，极言受禄之多。

㉑"他日"，等于说"有一天"。

㉒"频颛"，皱着眉额发愁的样子。"频"跟"颦"相通，"颛"（cù，ㄘㄨˋ），跟"蹙"相通。

㉓"恶用是鶃鶃者为哉"，"鶃鶃"，鹅的叫声，"鶃鶃者"就是鹅。"恶用……为"就是古代汉语常见的"何以……为"，现代的说法 就 是"要……做什么"。

㉔"尚"，还。"充其类"也就是"充其操"的意思。有人说"充其类"的意思是贯彻自己的意志于生活中的一切事例。

【解题】

陈仲子辟兄离母，不食不义之禄，不居不义之室，这是对当时 的 制度的反抗，他破坏了当时的社会秩序。但孟子不同意陈仲子的这种 做法 。从这里可以看出孟子是站在统治阶级立场上维护统治者利益的。

当然，象陈仲子那样想脱离社会而生活，想不依靠别人而成为"廉士"，实际上是不可能做到的。

6.郑人游于乡校①以论执政。

然明②谓子产曰："毁乡校，何如③？"

子产曰："何为？夫人朝夕退而游焉，以议执政之善否。其所善④者，吾则行之，其所恶者，吾则改之。是吾师也，若之何毁之⑤？我闻忠信以损怨，不闻作威以防怨。岂不遽止⑥？然犹防川，大决所犯⑦，伤人必多，吾不克救也。不如小决使道。不如吾闻而药之⑧也。"

然明曰："蔑也今而后知吾子之信可事⑨也，小人实不才。若果行此，其郑国实赖之⑩，岂唯二三臣⑪？"

仲尼闻是语也，曰："以是观之，人谓子产不仁，吾不信也。"（《左传·襄公三十一年》）

【注解】

① "乡校"，大约是郑国都城中的一个养老而兼校射的地方。

②然明是春秋时郑国的大夫，姓鬷，名蔑，然明是他的字。

③ "毁乡校,何如"，这儿的"何如"当"怎么样"讲。是商量可否的。

④ "其所善者"的"善"字为意动用法，意思是"以为善"。

⑤ "若之何毁之"，这儿的"若之何"当"怎么"（为什么）讲，是询问原因的，用在动词"毁"的前面。

⑥ "岂不遽止"，"遽"（jù，ㄐㄩˋ），马上，立刻。这句话的意思是未尝不能把大家的嘴立刻堵住。

⑦ "大决所犯"，河流大决口所造成的灾害。"克"，能够。

⑧ "闻而药之"的"药"字，是名词的意动用法，就是"以之为药"

181

的意思。

　　⑨ "信可事也"的"信"字，当"真"、"的确"讲。

　　⑩ "其郑国实赖之"，有人说这儿的"其"字当"则"讲。

　　⑪ "二三臣"，指郑国的一些大夫（执政的人）。

　　【解题】

　　子产反对毁乡校的目的显然是为了巩固统治阶级的统治地位的，但是他主张经常倾听群众意见，这一点还是好的。这样的统治者就有可能采取一些开明的政治措施，给人民带来某些好处。

　　7.楚人有涉江者，其剑自舟中坠于水，遽契① 其舟，曰："是吾剑之所从坠②。"舟止，从其所契者③入水求之。舟已行矣，而剑不行。求剑若此，不亦惑乎？以故法为其国④，与此同。时已徙⑤矣，而法不徙，以此为治⑥，岂不难哉？（《吕氏春秋·察今》）

　　【注解】

　　① "契"，刻。

　　② "是吾剑之所从坠"，在这句话里，"从"是介词，在意念上它的宾语是代词"是"（这儿）。现在这个"是"字放在句子的开端，充当了全句的主语，所以在"从"字的前面用助词"所"字来指示称代，这样，"所从坠"构成一个名词性的词组，而"吾剑"充当它的定语，用助词"之"标志。"吾剑之所从坠"整个词组带有名词性，充当了全句的谓语，整个句子是判断句（名词谓语句），不用系词"是"。——以上是这句话的句法分析。其实这句话的意思是："这儿是我的剑掉下去的地方"或"我的剑是从这儿掉下去的"。

　　③ "从其所契者"，"所契者"的"所"指示动词"契"的动作行为的对象，但这对象是不必明言的，因此在动词后加助词"者"。

　　④ "以故法为其国"，意思是"用老办法治理他的国家"。"为"在这儿有"治理"的意思。

⑤ "徙"，改变。

⑥ "以此为治"的"为"，有"进行"的意思。

【解题】

"刻舟求剑"的故事，有力地讽刺了把事物看成固定不动、静止不变的形而上学的观点。

8. 子路问于孔子曰："鲁大夫练而床①，礼邪？"孔子曰："吾不知也。"子路出，谓子贡曰："吾以夫子为无所不知，夫子徒② 有所不知。"子贡曰："女何问哉？"子路曰："由问：鲁大夫练而床，礼邪？夫子曰：吾不知也。"子贡曰："吾将为女问之。"子贡问曰："练而床，礼邪？"孔子曰："非礼也。"子贡出，谓子路曰："女谓夫子为有所不知乎？夫子徒无所不知；女问非也③。礼④，居是邑不非其大夫⑤。"（《荀子·子道》）

【注解】

①"鲁大夫练而床，礼邪？"根据《礼记·间传》的说法，父母丧葬后一年多，孝子的丧服有些改变，这时可以改戴"练冠"（一种白色的丝质帽子）；但是这时还只能"居垩室"（不加粉饰的屋子），"寝有席"；必须再过一年多，等到完全除服（脱孝）后，才能睡床。"鲁大夫练而床"，在子路看来，于丧礼不合，所以问孔子"礼邪？"

②"徒"，乃（竟然）。

③"女问非也"的"非"字，当"不对"讲。

④"礼"，是游离成份，意思是"在礼上"、"按礼来说"。

⑤"不非其大夫"的"非"字，是动词，当"责难"讲。

【解题】

通过鲁大夫不守"礼"的故事，我们可以看出儒家的"礼"是虚伪的。通过子贡所说的"礼，居是邑不非其大夫"，更可以看出"礼"完全是一种维护等级制度的东西。

9.知悼子①卒，未葬。平公②饮洒，师旷李调侍③。鼓钟④。杜蒉⑤自外来，闻钟声，曰："安在⑥？"曰："在寝⑦。"杜蒉入寝，历阶⑧而升⑨，酌⑩，曰："旷饮斯！"又酌，曰："调饮斯！"又酌，堂上北面⑪坐饮之。降⑫。趋⑬而出。平公呼而进之⑭，曰："蒉！曩者⑮尔心或⑯开予⑰，是以不与尔言。尔饮旷⑱，何也？"曰："子卯不乐⑲，知悼子在堂⑳，斯其为子卯也大矣㉑！旷也，太师也，不以诏㉒，是以饮之也。""尔饮调，何也？"曰："调也，君之亵臣㉓也，为一饮一食，亡君之疾㉔，是以饮之也。""尔饮，何也？"曰："蒉也，宰夫也，非刀匕是共㉕，又敢与知㉖防㉗，是以饮之㉘也。"平公曰："寡人亦有过焉。酌而饮寡人！"杜蒉洗而扬觯㉙。公谓侍者曰："如我死，则必无废斯爵㉚也。"至于今，既毕献，斯扬觯，谓之"杜举"。（《礼记·檀弓下》）

【注解】

①知悼子是春秋时晋国的大夫知罃，亦称荀罃。

②平公，春秋时晋平公；悼公之子，名彪。

③师旷是春秋时晋国的太师（掌管音乐的最高官员）。李调是晋平公的近臣。"侍"，陪坐饮酒。

④"鼓钟"，敲钟。这儿的"鼓"字是动词。

⑤杜蒉是晋平公的宰夫（厨师）。

⑥"安在"，在哪儿。这儿的"安"字是古代汉语的疑问代词。

⑦"寝"，寝堂。

⑧"历阶"，登阶不停足的意思，形容匆忙急遽。

⑨"升"，登堂。

⑩ "酌"，斟酒。

⑪ "北面"，面向着北方。

⑫ "降"，走下堂来。

⑬ "趋"，快跑。

⑭ "平公呼而进之"，这儿 "呼" 和 "进" 两个动词共同管辖一个宾语代词 "之"（指代杜蒉），第二个动词 "进" 字为使动用法，"进之" 就是 "使之进"。

⑮ "曩者"，"曩"（nǎng，ㄋㄤ），是古代汉语表示过去的时间副词。它有时用来表示较远的过去，有时用来表示最近的过去。这儿用来表示最近的过去，等于说 "刚才"。这儿的 "者" 字用来表示顿宕。

⑯ "或"，也许。

⑰ "开予"，启发我。

⑱ "饮旷"，使旷饮。这儿的 "饮" 字为使动用法。下文 "饮调"、"饮寡人" 和三处 "饮之" 的 "饮" 字同。（注意：那三个 "之" 字分别指代师旷、李调和杜蒉本人。）

⑲ "子卯不乐"，旧说商代的纣王死于甲子日，夏代的桀王死于乙卯日，这两个日子，古代的君王认为是忌日，不兴作乐。

⑳ "知悼子在堂"，意思是知悼子虽已殡殓还没有安葬。

㉑ "斯其为子卯也大矣"，这儿的 "斯" 字复指上文的 "知悼子在堂" 这件事。"为"，比。"大"，重大，严重。这句话的意思是：知悼子还没有下葬，这比起一般 "子卯" 忌日来更严重，更不应奏乐。

㉒ "不以诏"，就是 "不以之诏"，这儿介词 "以" 字的后面省略宾语代词 "之"（指代上文 "子卯不乐，知悼子在堂，斯其为子卯也大矣"）。"诏"，告。

㉓ "亵臣"，最亲近的臣子。

㉔ "亡君之疾"，这儿的 "亡" 同 "忘"；"疾"，错误。

㉕ "刀匕是共"，"刀" 和 "匕" 原是餐具，这儿指食品而言。这是一种修辞性的说法。"共" 就是 "供"。这句话实际是 "共刀匕" 的倒装，宾语 "刀匕" 提到动词 "共" 的前面，加助词 "是" 标志。

㉖ "与知"，过问。

185

㉗ "防"，指君王应该防范的事情。

㉘ "是以饮之也"，注意这儿的"之"字是第三身代词活用于指代第一身，"饮之"等于说"饮我"（指杜蒉本人）。

㉙ "扬"，举。"觯"（zhì，ㄓˋ），古代的一种酒器。

㉚ "爵"，也是古代的酒器，形制本和"觯"不同，这儿就指杜蒉所举之"觯"而言。

【解题】

本文叙述了"杜举"这一典故的来源。晋国厨师杜蒉觉得大夫知悼子死了未葬，晋平公便同臣子们饮酒作乐，于礼不合，他用罚酒的形式向平公进行了讽谏。

10. 梁君出猎，见白雁群，梁君下车，彀弓①欲射之。道有行者，梁君谓行者止，行者不止，白雁群骇。梁君怒，欲射行者。其御公孙袭下车抚②矢曰："君止！"梁君忿然③作色④而怒曰："袭不与其君而顾与他人⑤，何也？"公孙袭对曰："昔齐景公之时，天大旱三年，卜之，曰：'必以人祠⑥，乃雨⑦。'景公下堂顿首曰：'凡吾所求雨者⑧，为吾民也。今必使吾以人祠，乃且⑨雨，寡人将自当之⑩。'言未卒，而天大雨方千里者，何也？为有德于天而惠于民也。今主君以白雁之故而欲射人，袭谓主君言无异于虎狼⑪！"梁君援其手与上车归⑫，入庙门，呼万岁，曰："幸哉今日也！他人猎皆得禽兽，吾猎得善言而归。"（《新序·杂事》）

【注解】

① "彀弓"，引满弓。"彀"（gòu，ㄍㄡˋ）。

② "抚"，按着。

③ "忿然"，生气的样子。"忿"（fèn，ㄈㄣ）。

④ "作色"，变了脸色。

⑤ "袭不与其君而顾与他人"，这儿的"与"字是动词，有"帮助"、"从"一类的意思。"而"，却。"顾"，倒反，副词。这儿的"其"字活用于指代第二身，意思是"你的"。

⑥ "必以人祠"，必须用人来祭祀，意思是杀人作为祭品。

⑦ "乃雨"，才下雨。

⑧ "凡吾所以求雨者"，意思是我求雨的总的（所有的）原因。这儿的"凡"字用来总指，是"一切"、"所有"的意思。

⑨ "且"，将。

⑩ "寡人将自当之"，我将亲自充当祭祀的牺牲品。

⑪ "无异于虎狼"，跟虎狼比起来没有不同。

⑫ "与上车归"这儿介词"与"字后面省略宾语代词"之"，指代公孙袭。

【解题】

梁君的御者公孙袭，通过"主君以白雁之故而欲射人"的事实，勇敢地批评其主君"无异于虎狼"，这表现了公孙袭的"民为本"的思想，也反映了战国时代统治者的暴虐无道。但是，为了更好地统治人民，当梁君听到对自己的统治有益的"善言"时，也就表现了象猎得禽兽一样的高兴。

11.张玄①与王建武②先不相识，后遇于范豫章许③，范令二人共语，张因正坐敛衽④。王熟视良久⑤，不对。张大失望，便去。范苦⑥譬留之，遂不肯住⑦。范是王之舅，乃让⑧王曰："张玄，吴士之秀，亦见遇于时；而使至于此，深不可解！"王笑曰："张祖希若欲相识，自应见诣⑨。"范驰报张，张便束带造之，遂举觞对语，宾主无愧色。（《世说新语·方正》）

172 古 代 汉 语 读 本

【注解】

①张玄,就是张祖希,三国吴人。

②王建武,就是王忱,曾做荆州刺史,后为建武将军。

③范豫章,就是范宁,曾做豫章太守。"许",处所。

④"敛衽",整敛衣襟。"衽"(rèn,ㄖㄣˋ)。

⑤"熟视",不断地注目。"良久",甚久。

⑥"苦",竭力。

⑦"遂不肯住","遂",终于。"住",留住,呆下。

⑧"让",责备。

⑨"诣"(yì,ㄧˋ),至,就,动词。

注意:"张玄与王建武先不相识"的"相"字,表示互相。

"张玄,吴士之秀,亦见遇于时"的"见"字,表示被动。

"张祖希若欲相识,自应见诣。"这儿的"相"字不表示互相,而具有称代动作行为的受事者的作用,这儿所称代的动作行为的受事者是第一身,"相识"等于说"识我"。这儿的"见"字不表示被动,而具有称代动作行为的受事者(限于第一身)的作用,"见诣",等于说"诣我"。

12.荀巨伯①远看友人疾,值胡贼攻郡,友人语巨伯曰:"吾今死矣,子可去。"巨伯曰:"远来相视②,子令吾去,败义以求生,岂荀巨伯所行耶?"贼既至,谓巨伯曰:"大军至,一郡尽空③,汝何男子,而敢独止④?"巨伯曰:"友人有疾,不忍委之⑤,宁⑥以我身代友人命。"贼相谓曰:"我辈无义之人,而入有义之国。"遂班军而还⑦。一郡并⑧获全。(《世说新语·德行》)

【注解】

①荀巨伯,汉桓帝时颍川人。

②"远来相视"的"相"字不表示"互相",而具有称代动作行为的受事者的作用,这儿所称代的动作行为的受事者是第二身,"相视"等于

188

说"看你"。

③"一郡尽空"，这儿的"一"字是"整个"的意思。"尽"，都，皆。

④"止"，呆下来。

⑤"委"，委弃，扔下。

⑥"宁"，宁愿。

⑦"班军"，"班"当"还"讲，这儿为使动用法，"班军"意思是把军队调回去。

⑧"并"，都。

【解题】

同甘苦共患难的朋友才有真挚的友谊，在这段小故事中，作者赞扬了荀巨伯为了友人不肯"败义以求生"、坚决与友人共患难的行为。

13．华歆、王朗①俱乘船避难，有一人欲依附②，歆辄难之③。朗曰："幸尚宽④，何为不可？"后贼追至，王欲舍所携人。歆曰："本所以疑，正为此耳。既以纳其自託⑤，宁可以急相弃⑥耶？"遂携拯⑦如初。世以此定华、王之优劣。（《世说新语·德行》）

【注解】

①华歆字子鱼，东汉献帝时做尚书令，入魏，官至太尉。王朗，字景兴，剡人，入魏，官至司空。

②"依附"，这儿是附载（搭船）的意思。

③"难"，这儿有拒绝、不允许的意思。

④"幸尚宽"，这儿的"幸"字当"好在"讲。

⑤"既以纳其自託"，"既以"，既然已经（"以"通"已"）。"纳其自託"，接受他的请託，意思是允许他搭船。

⑥"相弃"，这儿的"相"字不表示"互相"，而具有称代动作行为的受事者的作用，这儿所称代的动作行为的受事者是第三身，指那个搭船的人。"相弃"等于说"扔下他"。

⑦ "携拯"，搭救。

【解题】

本文说明救人应该救到底，不应该半途而废。

14. 陶公①少时作鱼梁吏，尝以坩鲊饷母②。母封鲊付使，反书责侃曰："汝为吏，以官物见饷③，非唯不益，乃增吾忧也④。"（《世说新语·贤媛》）

【注解】

① "陶公"，指陶侃，晋人，是陶渊明的曾祖。

② "坩"（gān，巜ㄢ），盛东西的土器。"鲊"（zhǎ，ㄓㄚˇ），腌鱼、糟鱼之类。"饷"，赠送。

③ "汝为吏，以官物见饷"，这儿的"见"字放在动词"饷"字的前面，不表示被动，不解释为"被"。这个"见"字具有称代动作行为的受事者（限于第一身）的作用，"见饷"等于说"饷我"。

④ "非唯……乃……"，不但……倒反……。

【解题】

陶侃以官物奉母，反而遭到母亲的谴责，表现了陶侃母亲的廉洁。

第 九 课

语　　法

1 介宾词组的位置
2 介词“于”的用法及其省略
3 介词“以”的用法及其省略
4 介词“以”的宾语的提前和省略

1 介宾词组的位置

　　介词和它的宾语所构成的词组叫介宾词组。介宾词组在句中通常是用来修饰动词或形容词的。在古代汉语里，有的介宾词组位于它所修饰的成份之前，但是更多的是位于它所修饰的成份之后。介宾词组位于它所修饰的成份之前的，例如：

　　（一）子于是日哭，则不歌。（《论语·述而》）

　　（二）燕于姬姓独后亡。（《史记·燕世家》）——“于姬姓”，在姬姓的国家当中。

　　（三）许子以釜甑爨，以铁耕乎？（《孟子·滕文公上》）——“釜”（fǔ，ㄈㄨˇ），锅。“甑”（zèng，ㄗㄥˋ），瓦制的炊器。“爨”（cuàn，ㄘㄨㄢˋ），炊，煮饭。

介宾词组位于它所修饰的成份之后的，例如：

　　（四）嫂溺则援之以手乎？（《孟子·离娄上》）

　　（五）秦无敌于天下。（《史记·范雎蔡泽列传》）

　　（六）苛政猛于虎也。（《礼记·檀弓》）

191

以上各例加△号的部分是介宾词组，加着重号的部分是它所修饰的成份。关于介宾词组的位置问题，后面我们还要讨论到。

2 介词"于"的用法及其省略

"于"字古书上有时又写作"乎"，这是古代汉语中应用最广的一个介词。常见的用法有如下几种：

第一，引进动作行为发生的处所。这种用法的"于"字及其宾语所构成的介宾词组，一般放在动词之后。我们可以把这种用法的"于"字译为现代汉语的"在"。例如：

（一）臣闻昔者吕尚之遇文王也，身为渔夫而钓于渭滨耳。（《史记·范睢蔡泽列传》）

（二）臣不敢载之于书。（同上）——"载"，记载。

当"在"讲的"于"字有引申的用法，当"在……中"、"在……方面"讲。例如：

（三）燕于姬姓独后亡。（《史记·燕世家》）
"于姬姓"就是"在姬姓之中"的意思。

（四）荆国有余于地而不足于民。（《墨子·公输》）
"有余于地而不足于民"就是在土地方面多而在人口方面不足，意思是"荆国地多而人少"。

第二，表示动作行为的起自和归趋。这种用法的"于"字及其宾语所构成的介宾词组，放在动词后面。表示动作行为的起自的，例如：

（一）今燕虐其民，王往而征之，民以为将拯己于水火之中也。（《孟子·梁惠王下》）——"拯"，救。

（二）今以秦之彊而先割十五都予赵，赵岂敢留璧而得罪于大王乎？（《史记·廉颇蔺相如列传》）——"都"，城。

这两个例子里的"于"字都可以译为"从"、"自"。

表示动作行为的归趋的，例如：

（三）孟尝君就国于薛。（《战国策·齐策》）

这句话的意思是"孟尝君回到他的封地薛去"。

（四）须贾为魏昭王使于齐。（《史记·范睢蔡泽列传》）

这句话的意思是"须贾替魏昭王出使到齐国去"。

（五）赏必加于有功，而刑必断于有罪。（《史记·范睢蔡泽列传》）

这句话的意思是"奖赏必须加给有功的人，而刑罚必须判给有罪的人"。

第三，引进动作行为的或叙述的对象。例如：

（一）或问乎曾西曰："吾子与子路孰贤？"（《孟子·公孙丑上》）

（二）四境之内，莫不有求于王。（《战国策·齐策》）

（三）诸公莫敢复明言于上。（《史记·魏其武安侯列传》）

例（一）"问乎曾西"，意思是"向曾西问"；例（二）"有求于王"，意思是"对大王有所求"；例（三）"莫敢复明言于上"，意思是"没人敢再对皇上明说"。在这三个例子里，"于"字及其宾语所构成的介宾词组，是放在动词之后的。

这种用法的"于"字及其宾语所构成的介宾词组也有放在动词之前的。例如：

（四）始吾于人也，听其言而信其行；今吾于人也，听其言而观其行。（《论语·公冶长》）

（五）子曰："由也果，于从政乎何有？"（《论语·雍

也 》）

（六）吾于天下贤士，可谓亡负矣。（《汉书·高帝纪》）
——"亡负"，没有辜负。

这种用法的"于"字可以译成现代汉语的"对"、"对于"。

在古代汉语的句法里，还可以在主语和这种用法的介宾词组之间加助词"之"字，以舒缓语气，并让听者（或读者）等待下文；同时还可以在这种介宾词组之后，用语气词"也"字顿宕。例如：

（七）孔子曰："延陵季子之于礼也，其合矣乎？"（《礼记·檀弓下》）

（八）孟子曰："君子之于物也，爱之而弗仁，……"（《孟子·尽心上》）

例（七）如果只说"延陵季子于礼其合矣乎？"那么主语是"延陵季子"，介宾词组"于礼"是"合"的状语。现在说"延陵季子之于礼也，其合矣乎？"那么，在形式上，主语就不仅仅是"延陵季子"，而是"延陵季子之于礼"，介宾词组"于礼"在形式上成了全句主语的一部分。这种句法，实际上具有强调这个介宾词组的作用，应该注意。

第四，引进动作行为发生的时间。例如：

（一）子于是日哭，则不歌。（《论语·述而》）

（二）夜半于无人之时而与舟人斗。（《庄子·徐无鬼》）

（三）繁启蕃长于春夏，畜积收臧于秋冬，是又禹桀之所同也。（《荀子·天论》）

这种用法的"于"字及其宾语所构成的介宾词组，放在动词前后比较自由。

第五，放在形容词之后，引进用来比较的事物。例如：

（一）季氏富于周公。（《论语·先进》）

（二）叔孙武叔语大夫于朝曰："子贡贤于仲尼。"（《论语·子张》）

（三）秦王之国危于累卵。（《史记·范雎蔡泽列传》）——"累卵"，把鸡子儿堆积在一起。

这种用法的"于"字可以译成现代汉语的"比"。

介词"于"字又可以放在及物动词的后面，以引进动作行为的主动者。这种用法在第五课里已经讨论过，这里不再重复。

在古代汉语的句法里，介词"于"字常常可以省略，我们读古书时应该加以注意，否则会妨碍我们对文意的了解。下面举几个例子，凡省略"于"字的地方，都用方括号来标志。

（一）孔子生〔　〕鲁昌平乡陬邑。（《史记·孔子世家》）——"陬"（zōu，ㄗㄡ）。

（二）孔子学鼓琴〔　〕师襄子。（同上）

（三）楚之召我兄弟，非欲以生我父也，恐有脱者，后生患，故以父为质，诈召二子。二子到，则父子俱死，何益〔　〕父之死？（《史记·伍子胥列传》）

（四）臣素卑贱，君擢之〔　〕闾伍之中，加之〔　〕大夫之上。（《史记·司马穰苴列传》）——"闾伍"，闾里，平民所居住的地方。

（五）向令伍子胥从奢俱死，何异〔　〕蝼蚁？（《史记·伍子胥列传》）

例（一）省略的"于"字当"在"讲；例（二）省略的"于"字当"向"讲；例（三）省略的"于"字当"对于"讲；例（四）

省略的第一个"于"字当"从"讲，省略的第二个"于"字当
"在"讲；例（五）省略的"于"字当"比"讲。

3 介词"以"的用法及其省略

介词"以"字常见的用法有如下几种：

第一，表示动作行为以某物为工具或凭藉，当"拿"、"用"、
"把"、"凭"讲，例如：

（一）请以剑舞。（《史记・项羽本纪》）

"请以剑舞"就是"请拿剑舞"的意思。

（二）于是项伯复夜去，至军中，具以沛公言 报 项 王。
（《史记・项羽本纪》）

"具以沛公言报项王"，意思是"把沛公的话全部报告给项王"。

（三）魏其武安由此以侯家居。（《史记・魏其武安侯列
传》）

"以侯家居"就是"凭侯的资格住在家里"的意思。

第二，"以"由凭藉的意思引申为表示原因，当"因"讲。例如：

（一）武安侯虽不任职，以王太后故，亲幸。（《史记・
魏其武安侯列传》）——"亲幸"，亲近宠幸。

"以王太后故"意思是"因为王太后的缘故"。

（二）灌夫以此名闻天下。（《史记・魏其武安侯列传》）

"以此名闻天下"意思是"因为这件事名闻天下"。

第三，引进动作行为发生的时间。例如：

（一）文以五月五日生。（《史记・孟尝君列传》）

（二）故以十二月晦，论弃市渭城。（《史记・魏其武安
侯列传》）——"晦"（huì，ㄏㄨㄟˋ）。每月的最末一天。"论"，
判罪。"弃市"，处死刑（刑人于市，与众弃之）。

（三）侯生曰："臣宜从，老不能。请数公子行日，以至晋鄙军之日北乡自刭以送公子。"（《史记·魏公子列传》）——"北乡"，面向北。"刭"（jǐng，ㄐㄧㄥˇ），用刀割脖子。"送"，在这里有报答的意思。

这三个"以"字和"于"字的用法相同，都当"在"讲。这种用法的"以"字及其宾语所构成的介宾词组一定放在动词的前面。

第四，"以"字表示率领的意思，它的宾语限于跟"人"有关的名词。例如：

（一）宫之奇以其族去虞。（《史记·晋世家》）——"族"，族人。

（二）公子……欲以客往赴秦军，与赵俱死。（《史记·魏公子列传》）——"赴"，捨身投入。"赴秦军"，意思是跟秦军拚死一战。

（三）栾书中行偃以其党袭捕厉公，因之。（《史记·晋世家》）

这三个"以"字都当"率领"讲，这种用法的"以"字及其宾语所构成的介宾词组一定放在动词的前面。

在古代汉语的句法里，介词"以"字也常常可以省略。例如：

（一）死马且买之〔 〕五百金，况生马乎？（《战国策·燕策》）——"且"，尚且，还。"况"，何况。

（二）使秦破大梁而夷先王之宗庙，公子当〔 〕何面目立天下乎？（《史记·魏公子列传》）——"夷"，毁灭。

（三）子欲〔 〕手援天下乎？（《孟子·离娄上》）

例（一）省略的"以"当"拿"、"用"讲；例（二）省略的

197

"以"字当"凭"讲；例（三）省略的"以"字也当"拿"、"用"讲。

4 介词"以"的宾语的提前和省略

在古代汉语的句法里，为了强调介词"以"的宾语，可以把宾语无条件地提到"以"字的前面。例如：

（一）楚战士无不一以当十，楚兵呼声动天，诸侯军无不人人惴恐。（《史记·项羽本记》）——"惴"（zhuì，ㄓㄨㄟˋ），忧惧。

（二）其有不合者，仰而思之，夜以继日。（《孟子·离娄下》）

（三）若晋君朝以入，则婢子夕以死；夕以入，则朝以死。唯君裁之。（《左传·僖公十五年》）——"婢子"，指秦穆姬。"裁"，裁决。

例（一）的"一以当十"，就是"以一当十"；例（二）的"夜以继日"；就是"以夜继日"；例（三）的"朝以入"，就是"以朝入"（在早上进来），余仿此。

在古代汉语的句法里，介词"以"的宾语又常常可以省略，这个被省略了的宾语是代词"之"。例如：

（一）及穰侯为秦将，且欲越韩魏而伐齐纲寿，欲以〔 〕广其陶封。（《史记·范睢蔡泽列传》）——"陶封"，陶地的疆界。

（二）平原君闻之，谓其夫人曰："始吾闻夫人弟公子天下无双，今吾闻之，乃妄从博徒卖浆者游，公子妄人耳。"夫人以〔 〕告公子。（《史记·魏公子列传》）

（三）陈胜起山东，使者以〔 〕闻。（《史记·刘敬叔孙通

列传》）

例（一）省略的"之"字指代地方（齐纲寿）；例（二）省略的"之"字指代平原君对其夫人所说的一番话；例（三）省略的"之"字指代上文陈胜起山东这件事。

课 文

1.管仲隰朋①从桓公伐孤竹②，春往冬反，迷惑失道。管仲曰："老马之智可用也。"乃放老马而随之，遂得道。行山中③，无水。隰朋曰："蚁冬居山之阳④，夏居山之阴⑤，蚁壤⑥一寸而仞⑦有水。"乃掘地，遂得水。以管仲之圣而隰朋之智⑧，至其所不知⑨，不难⑩师⑪于老马与蚁。今人不知以其愚心而师圣人⑫之智，不亦过乎？（《韩非子·说林上》）

【注解】

①管仲隰朋都是齐桓公的大臣。根据《韩非子》的另一条记载，管仲管理齐国的外交，隰朋管理齐国的内政。

②"孤竹"，古代的一个国家，在今河北省东部卢龙一带。

③"行山中"，就是"行于山中"，这儿省略介词"于"字，当"在"讲。

④"山之阳"，指山的向阳的一面。

⑤"山之阴"，指山的背阳的一面。

⑥"蚁壤"，蚁穴周围防雨水的高出地面的浮土，古时又叫"蚁封"，又叫"蚁垤"（dié，ㄉㄧㄝˊ）。

⑦"仞"（rèn，ㄖㄣˋ），古代八尺叫仞。

⑧"以管仲之圣而隰朋之智"，这儿的"以"字当"凭"讲；"圣"，精明通达。"而"，和。

⑨"至其所不知"，碰到他们所不知道的〔事情〕。

⑩"不难"，这儿的"难"字是意动用法，"不难……"，意思是"不以……为难"。"不以为……难"。

⑪"师于老马与蚁"，就是"请教于老马与蚁"，这儿的"于"当"向"

200

讲。

⑫"圣人"，有智慧的人。

【解题】

管仲隰朋在"至其所不知"的时候，尚且"不难师于老马与蚁"，这就说明人们应该善于向各方面学习。韩非子认为古代圣人最聪明，就更值得人们去学习。当然，生活在战国时代的韩非子，是不能了解人民群众才是最有智慧的人这条真理的。

2.孟子曰："存乎人者①，莫良于眸子②，眸子不能掩③其恶。胸中正，则眸子瞭焉④；胸中不正，则眸子眊⑤焉。听其言也，观其眸子，人焉廋⑥哉？"（《孟子·离娄上》）

【注解】

①"存乎人者"的"乎"字是介词，用法跟当"在"讲的"于"字相同。

②"莫良于眸子"，这儿的"莫"字是无指代词，当"没有东西"讲。这儿的"于"字用在形容词"良"的后面，其作用是用来引进作比较的事物，当"比"、"过"讲。"眸子"，瞳仁。

③"掩"，盖。

④"瞭"，明亮。

⑤"眊"（mào，ㄇㄠˋ），模糊。

⑥"廋"（sōu，ㄙㄡ），隐藏起来。

【解题】

判定一个人胸中"正"与"不正"，主要应该观察他的言行，这与眸子的"瞭"与"眊"并无必然联系。因而，孟子的看法是不正确的。

3.学不可以已①。青，取之于蓝，而青于蓝；冰，水为之，而寒于水。木直中绳②，輮以为轮③，其曲中规④；虽⑤有槁⑥暴⑦，不复挺⑧者，輮使之然也。故木受绳则

直，金就砺则利⑨，君子博学而日⑩参省乎己⑪，则知⑫明而行无过矣。（《荀子·劝学》）

【注解】

①"已"，停止。

②"木直中绳"，木头直的程度可以跟木匠用墨绳所弹的直线相合，这是说木头非常之直。

③"輮以为轮""輮(róu，ㄖㄡˊ)，本义是车轮的外周，这儿假借为"煣"(rǒu，ㄖㄡˇ)，意思是以火熨木，使之弯曲。"轮"，车轮。这句话的意思是"把笔直的木材加以煣熨，拿来做车轮"。注意："輮以为轮"就是"輮之以为轮"，在古代汉语的句法里，如果动词的宾语是代词"之"，而后面又紧跟着"以"字，那么，这个动词的宾语代词"之"字常常可以省略。

④"其曲中规"，车轮圆的程度可以跟用圆规画的圆相合，这是说车轮非常之圆。

⑤"虽"，即使。

⑥"槁"，干枯。

⑦"暴"，晒干。

⑧"挺"，直。

⑨"金就砺则利"，这儿的"金"指用金属制成的刀剑。"就"，这儿是"接触到"的意思。"砺"，磨刀石。这句话的意思是"刀剑接触到磨刀石（在磨刀石上磨）就锋利了"。

⑩"日"，天天，每天。

⑪"参省乎己"，对自己参验反省。

⑫"知"，智。

【解题】

这段课文是从《荀子·劝学篇》中节选下来的。"青出于蓝，而胜于蓝"，这是一条真理，但是要胜于蓝，就应该出于蓝。这就是说首先应该虚心地学习，并且要经常对自己参验反省，这样才能"知明而行无过"。

4.梁惠王①曰："寡人之于国也，尽心焉耳矣②！河内凶，则移其民于河东③，移其粟于河内；河东凶亦然。察邻国之政，无如寡人之用心者。邻国之民不加少，寡人之民不加多④，何也？"

孟子对曰："王好战，请以战喻：填然鼓之⑤，兵刃既接⑥，弃甲曳兵而走⑦，或百步而后止，或五十步而后止。以五十步笑百步⑧，则何如？"

曰："不可。直不百步耳⑨，是亦走也。"

曰："王如知此，则无望民之多于邻国也⑩。不违农时，谷不可胜食也⑪；数罟不入洿池⑫，鱼鳖不可胜食也；斧斤以时入山林⑬，材木不可胜用也。谷与鱼鳖不可胜食，材木不可胜用，是使民养生丧死无憾也。养生丧死无憾，王道之始也。

五亩之宅，树⑭之以桑，五十者可以衣帛⑮矣。鸡豚狗彘之畜⑯，无失其时，七十者可以食肉矣。百亩之田，勿夺其时，数口之家可以无饥矣。谨庠序之教，申之以孝悌之义⑰，颁白者不负戴于道路矣⑱。七十者衣帛食肉，黎民⑲不饥不寒，然而不王者⑳，未之有也。

狗彘食人食而不知检㉑；涂有饿莩而不知发㉒；人死则曰'非我也，岁也'；是何异于刺人而杀之曰'非我也，兵也'？王无罪岁，斯天下之民至焉㉓。"（《孟子·梁惠王上》）

【注解】

①"梁惠王"，魏国 的 君王。

②"寡人之于国也，尽心焉耳矣"，"寡人"，诸侯自己的谦 称， 意思是寡德之人，这儿的"于"字当"对于"讲。古代汉语的句法里，在主语和当"对于"讲的"于"之间常加"之"字以舒缓语气，并让听者（ 或读者 ）等待下文。这儿的"也"用在句中表示停顿。"焉耳矣"是三个语气词连用，比较少见，表示非常恳切的语气。

③"河内 凶，则移其民于河东"，河内和河东都是魏国的地方。河内，在今河南境 内 黄河以北的地区。河东，在今山西境内黄河以 东 的 地区。"凶"，庄稼收成不好。"于"，到。

④"邻国之民不加少，寡人之民不加多"，这两个"加"字都当"更"讲。

⑤"填然鼓之"，"填然"，形容鼓声，"然"字是形容词词尾。"鼓之"的"鼓"是动词，就当"敲鼓"讲。这儿的"之"字是用来凑足一个音节的。

⑥"兵刃既接"，意思是 已经交锋。"刃"，指兵器锋 利 的 部 分。"接"，交。

⑦"弃甲曳兵而走"，"曳"（yì，ㄧˋ），拉。"走"，等于现代汉语 的"跑"。

⑧"以五十 步笑 百步"，"以"，凭。

⑨"直不百步耳"，"直"，只，不过；"耳"，而已。

⑩"则无望民之多于邻国也"，这儿的"于"字当"比"讲。这儿的"之"字是用来取消"民多于邻国"这个小句的独立性的，因为 它 充当动词"望"的宾语。

⑪"谷不可胜食也"，"胜"（shèng，ㄕㄥˋ），当"尽"讲。"不可胜食"，意思是"吃不完"。下文的"不可胜用"，意 思是"用不完"。

⑫"数罟不入洿池"，"数"（cù，ㄘㄨˋ），细密。"罟"（gǔ，ㄍㄨˇ），网。"洿"（wū，ㄨ），低下积水的地方。"洿池"，就是池塘。

⑬"斧斤以时入山林"，意思是按照一定的时间上山砍伐树木。"斧"和"斤"都是古代 砍伐的工具，这儿不直接说砍伐树木，而说"斧斤入山

林"，这是修辞性的说法。这儿的"以"字含有"按照"、"依照"一类意思，古代汉语里含有这种意思的"以……"通常只放在动词之前。

⑭"树"，种。

⑮"帛"，丝织品。

⑯"鸡豚狗彘之畜，无失其时"，这儿的"畜"字如果读(chù，ㄔㄨˋ)，是名词，当"禽兽"讲，那么"鸡豚狗彘"是同一性的定语，"之"是定语的标志。这儿的"畜"字如果读(xù，ㄒㄩˋ)，是动词，当"养"讲，"鸡豚狗彘"是它的宾语，被强调而倒装于动词"畜"之前，并在倒装了的宾语之后加"之"标志。这儿的"时"是指家畜交配繁殖的时间。"彘"(zhì，ㄓˋ)，猪。

⑰"谨庠序之教，申之以孝悌之义"，"谨"，谨慎办理。"庠"(xiáng，ㄒㄧㄤˊ)和"序"，都是古代地方上的学校，旧说："里有序，乡有庠"。"申"，反复教导。

⑱"颁白者不负戴于道路矣"，"颁白"，指头发半白半黑。"负"，用背揹东西。"戴"，用头顶东西。

⑲"黎民"，指一般的人民。"黎"指头发的黑色，所以古代又称人民为"黔首"，"黔"也是指头发的黑色。

⑳"然而不王者"，这儿的"然而"要分开来理解："然"当"如此"讲；"而"表示转折。

㉑"狗彘食人食而不知检"，这句话旧的说法很纷歧，这里采取一种说法：即年成好的时候狗和猪吃人所吃的粮食，可是君王不知把这些粮食收集储存起来。这儿的"检"当"敛"讲，收集聚集的意思。

㉒"涂有饿莩而不知发"，意思是荒年路上有饿死的人，可是君王不知道打开谷仓拿粮食来救济灾民。这儿的"莩"(piǎo，ㄆㄧㄠˇ)字的意思是"饿死的人"。"发"的意思是"打开仓库"。

㉓"王无罪岁"，这儿的"岁"指"荒年"。这句话的意思是：王不要归罪于年成不好。

【解题】

这是孟子为梁惠王设计的一幅施政图。他告诉梁惠王，发展生产"使民养生丧死无憾"，申"孝悌之义"，倡敬老之风，丰年"知检"，荒年"知发"。这才能得到人民的拥护和爱戴。

　　这套施政主张反映了孟子的"仁政"思想。当然，这在当时的社会条件下，只不过是一种"空中楼阁"罢了。

　　5.梁惠王曰："晋国，天下莫强焉①，叟②之所知也。及③寡人之身，东败于齐④，长子死焉⑤；西丧地于秦七百里⑥；南辱于楚⑦。寡人耻之，愿比死者一洒之⑧，如之何则可？"

　　孟子对曰："地方百里而可以王⑨。王如施仁政于民，省⑩刑罚，薄税敛⑪，深耕易耨⑫，壮者以暇⑬日修其孝悌⑭忠信，入以事其父兄，出以事其长上，可使制梃⑮，以挞秦楚之坚甲利兵矣。彼夺其民时，使不得耕耨以养其父母⑯，父母冻饿，兄弟妻子离散。彼陷溺其民⑰，王往而征之，夫谁与王敌？故曰：'仁者无敌。'王请勿疑⑱。"（《孟子·梁惠王上》）

【注解】

　　①"晋国，天下莫强焉"，这儿的"焉"等于"于之"，其中隐含的"于"字用在形容词"强"字之后，当"比"讲。其中隐含的"之"字指代上文的"晋国"。这句话译成现代汉语，就是"晋国，天下没有国家比它强"。

　　②"叟"，老者。

　　③"及"，至，到。

　　④"东败于齐"，"于"当"被"讲。

　　⑤"长子死焉"，"焉"等于"于之（是）"，其中隐含的"于"字当"在"讲，其中隐含的"之（是）"字指代地方（齐国境内）。

　　⑥"西丧地于秦七百里"，"丧"，丧失。这儿的"于"字当"给"讲。

⑦ "南辱于楚"，"于"当"被"讲。

⑧ "愿比死者一洒之"，这儿的"比"是介词，当"为"、"替"讲。"一"，全部。"洒"(xǐ，ㄒㄧˇ)，洗雪。

⑨ "地方百里而可以王"，"方百里"就是长宽各一百里。这儿的"而"字可以译成"就"。

⑩ "省"，减少。

⑪ "薄"，减轻。"税敛"，税收。

⑫ "易耨"，"易"，处理得很好。"耨"(nòu，ㄋㄡˋ)除草。这句话的意思是把田里的杂草干净彻底地除掉。

⑬ "暇"，空闲。

⑭ "悌"，敬爱（特别指弟弟对哥哥的敬爱）。

⑮ "可使制梃"，"制"，作。"梃"，棍棒。这儿的"使"字之后省略兼语代词"之"（指代上文的"民"）。

⑯ "彼夺其民时，使不得耕耨以养其父母"，这儿的"彼"指代秦楚齐的君王。"时"指农时（农业生产的时间）。这句话的意思是秦楚齐的君王强迫他们国家的人民去当兵打仗服劳役，因而耽误了农业生产时间。"使不得耕耨以养其父母"，这儿的"使"字之后也省略了兼语代词"之"（指代上文的"民"）。

⑰ "彼陷溺其民"，"陷"，掉在陷阱里。"溺"，淹没在水里。这儿的"陷"、"溺"都是使动用法，意思就是"使其民陷溺"。这句话的意思是秦楚齐的君王残暴地剥削并压迫他们国家的人民，使他们的人民陷入痛苦绝望的境地。

⑱ "王请勿疑"，这儿的"请"字是古代汉语里表示劝请的副词。意思是"我请王勿疑"。

【解题】

这一章的中心内容是说明"仁者无敌"。孟子在此章中说明国家强弱及战争胜负的关键不在于国之大小，而在于君王能否行"仁政"。作者主观上是为了维护统治阶级的利益，但在客观上对于受着统治阶级暴政残害的人民大众，仍是有利的。

6.宋有澄子者，亡缁衣①，求之涂②。见妇人衣缁衣，援而弗舍③，欲取其衣。曰："今者我亡缁衣。"妇人曰："公虽亡缁衣，此实吾所自为④也。"澄子曰："子不如速与我衣，昔我所亡者，纺缁⑤也；今子之衣，禅缁⑥也。以禅缁当纺缁，子岂不得哉⑦？"（《吕氏春秋·淫辞》）

【注解】

①"缁衣"，帛制的黑色衣服。

②"求之涂"，就是"求之于涂"，这儿省略了介词"于"字。这句话的意思是"在路上寻找它"。

③"援而弗舍"，意思是"拉住不放"。"舍"，同"捨"。

④"吾所自为"，我自己所缝制的。这个"为"字是动词，在这儿有"缝制"的意思。

⑤"纺缁"，用纺帛制成的黑色衣服。又有一说，"纺缁"犹"复缁"，和下文的"禅缁"相对。

⑥"禅缁"就是"单缁"，没有里子的缁衣。

⑦"子岂不得哉"，这儿的"得"当"便宜"讲。这句话的意思是"你难道不合算吗"。

【解题】

这个小故事刻画了一个主观专断、强词夺理、损人利己的人的形象，富有讽刺意味。

7.今有一人，入人园圃，窃其桃李，众闻则非之，上为政者得则罚之。此何也？以亏人自利也。至攘人犬豕鸡豚者，其不义又甚入人园圃窃桃李①。是何故也？以其亏人愈多。苟亏人愈多，其不仁兹②甚，罪益厚③。至入人栏厩④取人马牛者，其不义又甚攘人犬豕鸡豚。

此何故也？以其亏人愈多。苟亏人愈多，其不仁兹甚，罪益厚。至杀不辜人⑤也，扡⑥其衣裘取戈剑者，其不义又甚入人栏厩取人马牛。此何故也？以其亏人愈多。苟亏人愈多，其不仁兹甚矣，罪益厚。当此⑦天下之君子，皆知而非之，谓之不义。今至大为不义，攻国⑧，则弗知非，从而誉⑨之，谓之义。此可谓知义与不义之别乎？

（《墨子·非攻上》）

【注解】

①"其不义又甚入人园圃窃桃李"，这儿的"甚"字后面省略介词"于"，当"比"、"过"讲。

②"兹"同"滋"，更加。

③"罪益厚"，罪更加重。

④"至入人栏厩"，这儿的"至"字是连词，在说完了一件事之后另提一件事的时候，用"至"字来连接，可以译成"至于"。"栏厩"，养牛马的圈。

⑤"不辜人"，无罪的人。

⑥"扡"，就是"拖"，牵引，拉住。

⑦"当此"，现在。

⑧"今至大为不义，攻国"，如今甚至于大行不义之事，攻取别人的国家。

⑨"誉"，夸赞。

【解题】

墨子坚决反对战争，在这里，他用一层深入一层的比喻，说明亏人越多，越为不义。最后得出结论：攻打别人的国家是最大的不义。而统治者却把最大的不义当作"义"。这就尖锐地讽刺和揭露了统治阶级穷兵黩武的政策。

8.子曰："诗三百①，一言以蔽之②，曰：'思无邪'③。"

（《论语·为政》）

【注解】

①"诗三百"，指《诗经》；"三百"，指诗经的约数。

②"一言以蔽之"，就是"以一言蔽之"，译成现代的说法 就是"拿一句话概括它"，"以"的宾语"一言"为了强调，倒装于"以"字的前面。

③"思无邪"是《诗经·鲁颂·駉》这一篇诗里的一句，"思"字用在句子头上，没有实际意义，前人管它叫"发语词"。对于孔子所引用的这句诗，后人有种种理解，我们介绍一种说法："思无邪"就是"诚"。"駉"（jiōng，ㄐㄩㄥ）。

【解题】

"思无邪"只能用来评价《诗经》当中那些具有一定人民性的作品（《国风》和一部分《小雅》），至于《颂》和《大雅》，大多是奴隶主歌功颂德的反现实主义作品，所以"思无邪"不能概括全部《诗经》。

9. 子张①问曰："令尹子文②三仕为令尹，无喜色③；三已之，无愠色④。旧令尹之政必以告新令尹⑤，何如？"子曰："忠矣！"曰："仁矣乎？"曰："未知；焉得仁？"……（《论语·公冶长》）

【注解】

①子张是孔子的学生。

②"令尹"，官名。子文是楚国的大夫。

③"三仕"，做官三次。"喜色"，欢喜的神色。

④"三已"，免职三次。"愠色"，怨恨的神色。

⑤"旧令尹之政必以告新令尹"，就是"必以旧令尹之政告新令尹"。译成现代的说法就是"必定把旧令尹的政事告诉新令尹"。这儿也是为了强调，"以"字的宾语——"旧令尹之政"被调到"以"字的前面去了。

【解题】

孔子认为"仁"是很难做到的，所以象令尹子文这样的人也只能做到忠于君王所交给他的职务，还不能做到"仁"。

10.原思为之宰①，与之粟九百②，辞③。子曰："毋！以与尔邻里乡党乎④！"（《论语·雍也》）

【注解】

①"原思为之宰"，原思是孔子的学生，孔子做鲁司寇的时候，原思做孔子家的总管。这儿的"之"字的用法同"其"，当"他的"（孔子的）讲。

②"与之粟九百"，给原思小米九百……，这儿"九百"的后面省略了名量词，不知"斛"是"斗"，还是别的。

③"辞"，推让，不接受。

④"以与尔邻里乡党乎"，这儿的介词"以"字的后面省略宾语代词"之"，指代上文的"粟"。这句话的意思是："把那些小米给你的街坊和家乡的人吧！"

【解题】

孔子曾经说过："君子周急不继富。"他嘱咐原思把粟给其邻里乡党，正是"周急"主张的贯彻。

11.孟子曰："古之为关①也，将以御暴②；今之为关也，将以为暴③。"（《孟子·尽心下》）

【注解】

①"为关"，设置关口。

②"将以御暴"，就是"将以之御暴"，介词"以"的宾语代词"之"（指代上文的"关"）省略。"御暴"，抵御强暴。

③"为暴"，进行强暴的活动。

【解题】

孟子用了精练、简短的言辞，说明古今设关的两种不同目的。"今之为关也，将以为暴"，揭露了当时统治者强暴、好战的情况。

12.楚王谓田鸠①曰："墨子者，显学②也。其身体③则可，其言多而不辩④，何也？"曰："昔秦伯嫁其女于晋公子⑤，令晋为之饰装⑥，从衣文之媵⑦七十人。至晋，晋人爱其妾而贱公女⑧。此可谓善嫁妾，而未可谓善嫁女也。楚人有卖其珠于郑者，为木兰之柜⑨，薰以桂椒⑩，缀⑪以珠玉，饰以玫瑰⑫，辑⑬以翡翠。郑人买其椟而还其珠，此可谓善卖椟矣，未可谓善鬻珠也。今世之谈也，皆道⑭辩说⑮文辞之言，人主览其文而忘其用。墨子之说，传先王之道，论圣人之言，以宣告人⑯。若辩其辞⑰，则恐人怀⑱其文，忘其用，直以文害用也。此与楚人鬻珠，秦伯嫁女同类。故其言多不辩。"（《韩非子·外储说左上》）

【注解】

①楚王，大概是楚怀王。田鸠，齐人，是墨子学派的人。

②"显学"，在《韩非子》这本书里，"显学"有两种意思：一是著名的或得势的学派，如"世之显学，儒墨也"。一是著名的或得势的学者，如这儿的"墨子者，显学也"。

③"身体"，这个"体"字是动词，意思跟现在的"实践"相近。

④"辩"，漂亮动听。

⑤秦伯，指秦穆公。晋公子，指重耳。

⑥"装"，指嫁妆。

⑦"从"，随从。"衣文"，穿着文彩的衣服。"媵"（yìng，ㄧㄥˋ），随嫁的女子，就是下文的"妾"。

⑧"贱公女"，这儿的"贱"字为意动用法，"贱公女"，意思是"以公女为贱"，看不起秦穆公的女儿。

⑨ "木兰"，一种香木。"柜"，就是下文的"椟"，也就是"匣"。

⑩ "薰以桂椒"，"薰"，就是"熏"、"燻"。"桂"和"椒"（jiao，ㄐㄧㄠ），都是香木。"薰以桂椒"，就是"薰之以桂椒"，在古代汉语的句法里，如果动词的宾语是代词"之"，而后面又紧跟着"以……"这样的介宾词组，那么这个动词的宾语代词"之"字常常可以省略。下文"缀以珠玉"、"饰以玫瑰"、"辑以翡翠"，句法相同。

⑪ "缀"，点缀装饰。

⑫ "玫瑰"，一种美石。

⑬ "辑"，也是装饰点缀的意思。

⑭ "道"，讲说。

⑮ "说"（shuì，ㄕㄨㄟˋ），有说服力。

⑯ "以宣告人"，就是"以之宣告人"，这儿省略了"以"的宾语代词"之"字（指上文的墨子之说）。

⑰ "辩其辞"，就是"使其辞辩"，这个"辩"字为使动用法。

⑱ "怀"，爱。

【解题】

墨家崇尚实用，田鸠用"楚人鬻珠"、"秦伯嫁女"的故事回答了楚王关于墨子"其言多而不辩"的问题，意在批评当时过分重视言辞（"尚文"）的文风。

第 十 课

语   法

1 介词"为"的用法

2 介词"与"的用法

3 介词"为"、"与"的宾语的省略

4 介词的凝固结构

1 介词"为"的用法

介词"为"的常见的用法有如下几种：

第一，跟现代汉语的介词"替"的用法相同。例如：

（一）谁为大王为此计者？（《史记·项羽本纪》）

（二）须贾为魏昭王使于齐。（《史记·范睢蔡泽列传》）

（三）客有为齐王画者。（《韩非子·外储说左上》）

例（一）第一个"为"字是介词，第二个"为"字是动词。在这三个例子里，作为介词的"为"字都可以译成"替"。

第二，引进动作行为的原因或目的。例如：

（一）仕非为贫也，而有时乎为贫。（《孟子·万章下》）

（二）汉卒十余万人皆入睢水，睢水为之不流。（《史记·项羽本纪》）

这两个例子里的"为"字，都是引进动作行为的原因，可以译成"因为"。

（三）吴公子光曰："彼伍员父兄皆死于楚，而员言伐

楚，欲自为报私仇也，非能为吴。"（《史记·刺客列传》）

（四）魏其锐身为救灌夫。（《史记·魏其武安侯列传》）
——"锐身"，挺身而出。

这两个例子里的"为"字，都是引进动作行为的目的的，可以译成"为了"。

第三，跟现代汉语的介词"向"、"跟"、"同"的用法相同。例如：

（一）如姬为公子泣，公子使客斩其仇头，敬进如姬。（《史记·魏公子列传》）

（二）寡人独为仲父言，而国人知之，何也？（《韩诗外传》）

（三）臣请为王言乐。（《孟子·梁惠王下》）

例（一）的"为"字可以译成"向"、"对"；例（二）例（三）的"为"字可以译成"跟"、"同"。

2 介词"与"的用法

介词"与"的常见用法有如下几种：

第一，跟现代汉语的介词"跟"、"同"的用法相同。例如：

（一）诸君子皆与驩言，孟子独不与驩言，是简驩也。（《孟子·离娄下》）——"简"，简慢。

（二）曹沫为鲁将，与齐战，三败北。（《史记·刺客列传》）——"三败北"，被打败逃跑了几次。

（三）公子与魏王博，而北境传举烽，言赵寇至，且入界。（《史记·魏公子列传》）——"传举烽"，传来了燃举烽火的警报。

第二，用在相比较的两项之间，表示"……跟……相比"的

意思。例如:

　　（一）吾比夫子，犹黄鹄与壤虫也。（《淮南子·道应训》）

这个例子里的"吾"，是一个名叫卢敖的人的自称；这儿的"夫子"，是卢敖对某位"举臂而竦身，遂入云中"的"士"的尊称。"黄鹄与壤虫"，意思是"黄鹄跟壤虫相比"。

　　在古代汉语的句法里，常常见到在这种用法的"与"字的前面加助词"之"字以舒缓语气，并让听者(或读者)等待下文，有时还可以在这种介宾词组的后面，用语气词"也"字顿宕。例如:

　　（一）心之与形，吾不知其异也。（《庄子·庚桑楚》）——"异"，不同。

　　（二）今秦之与齐也，犹齐之与鲁也。（《史记·张仪列传》）

例（一）在"与"字的前面加助词"之"字以舒缓语气，并让听者(或读者)等待下文。例（二）的句法令人想起"君子之过也，如日月之食焉。"（《论语·子张》）这样看来，这种用法的"与"字，在很大程度上带有动词的性质。

3 介词"为"、"与"的宾语的省略

　　在古代汉语的句法里，介词"为"字的宾语，常常可以省略。这被省略了的宾语是代词"之"。例如:

　　（一）今智伯知我，我必为〔 〕报仇而死，以报智伯，则吾魂魄不愧矣！（《史记·刺客列传》）——"魂魄不愧"，意思是死无遗恨。

　　（二）〔张〕良曰:"沛公自度能却项羽乎？"沛公默然良久，曰:"固不能也。今为〔 〕奈何？"（《史记·留侯世

家》）——"度"（duò，ㄉㄨㄛˋ），估计。

（三）秦王不肯击缶。相如曰："五步之内，相如请得以颈血溅大王矣！"左右欲刃相如，相如张目叱之，左右皆靡。于是秦王不怿，为〔　〕一击缶。（《史记·廉颇蔺相如列传》）
例（一）省略的"之"字指代"智伯"；例（二）省略的"之"字指代"项羽"；例（三）省略的"之"字指代上文所说的蔺相如对秦王的威胁。

在古代汉语的句法里，介词"与"字的宾语，也常常省略。这被省略了的宾语也是代词"之"。例如：

（一）赐也始可与〔　〕言诗已矣。（《论语·学而》）

（二）唉！竖子不足与〔　〕谋！（《史记·项羽本纪》）——"竖子"，愚弱无能的人。

（三）王稽曰："夜与〔　〕俱来。"郑安平夜与张禄见王稽。（《史记·范雎蔡泽列传》）
例（一）省略的"之"字指代"赐"；例（二）省略的"之"字指代"竖子"；例（三）省略的"之"字指代"张禄"。

4 介词的凝固结构

在古代汉语里的所谓介词的凝固结构，是指"是以"、"所以……"、"有以……"、"无以……"来说的。这些结构在古书上经常出现，所以我们把它们汇总起来加以讨论。

第一，"是以"。在这个结构里，介词"以"当"因"讲，"是以"就是"以是"，也就是"因此"。"以是"说成"是以"，这是因为介词"以"的宾语可以无条件地提前。在古代汉语里，"是以"成为一个凝固的结构，表示因果关系。例如：

（一）仲尼之徒无道桓文之事者，是以后世无传焉。（《孟

子·梁惠王上》）

（二）小人者，其未得也，则忧不得；既已得之，又恐失之，是以有终身之忧，无一日之乐也。（《荀子·子道》）

（三）太后好黄、老之言，而魏其、武安、赵绾、王臧等务隆推儒术，贬道家言，是以窦太后滋不悦魏其等。（《史记·魏其武安侯列传》）——"黄、老"，指道家。"务隆推儒术"，专心致力推崇儒家学说。"滋"，越发。

"是以"在古代汉语里也有说"以是"的，但比较少见。例如：

（四）然公子遇臣厚，公子往而臣不送，以是知公子恨之复返也。（《史记·魏公子列传》）

"以是"就是"是以"。

第二，"所以……"。在古代汉语里，"所以……"有两种用法：其一，如果介词"以"字当"用"（拿）讲，那么，助词"所"字就指示并且称代某一动作行为赖以实现的工具或凭藉的事物。这时，"所以……"就当"用（拿）来……的东西（方法、道理）"讲。例如：

（一）彼兵者，所以禁暴除害也，非争夺也。（《荀子·议兵》）

（二）笾豆所以食也，而君捐之；席蓐所以卧也，而君弃之。（《韩非子·外储说左上》）——"笾"（biān，ㄅ丨ㄢ）、"豆"，都是食器。"捐"，弃，扔掉。"席"、"蓐"（rù，ㄖㄨˋ），都是卧具。

（三）不以舜之所以事尧事君，不敬其君者也；不以尧之所以治民治民，贼其民者也。（《孟子·离娄上》）——"贼"，伤害。

例（一）的"所以禁暴除害"，意思是"用来禁暴除害的〔东西〕"；例（二）的"所以食"、"所以卧"，意思是"用来吃饭的〔东西〕"、"用来睡觉的〔东西〕"；例（三）的"所以事尧"，意思是"用来事奉尧的〔道理〕"；"所以治民"，意思是"用来治理人民的〔方法〕"。

其二，如果介词"以"字当"因"讲，那么，助词"所"字就指示并且称代某一情况产生的原因。这时"所以……"就当"……的缘故（原因）"讲。例如：

（四）彼知矉美，而不知矉之所以美。（《庄子·天运》）——"矉"（pín，ㄆㄧㄣ），皱眉。

（五）此吾所以不受也。（《庄子·让王》）

（六）〔钟离〕眛曰："汉所以不击取楚，以眛在公所。……"（《史记·淮阴侯列传》）——"公"，指韩信。

例（四）的"所以美"，意思是"美的缘故"；例（五）的"所以不受"，意思是"不接受的原因"；例（六）的"所以不击取楚"，意思是"不击取楚的原因"。

在古代汉语里，有时又有"所以……者"的说法。这个"者"字，或者代替"的东西（方法、道理）"，或者代替"的缘故（原因）"，这要看具体的上下文。这里应该指出的是，在"所以……者"这种说法里，既然"者"字已有所指代，那么，"所"字就只有指示的作用，而没有称代的作用了。例如：

（一）人之所以异于禽兽者几希。（《孟子·离娄下》）

（二）拱把之桐梓，人苟欲生之，皆知所以养之者。（《孟子·告子上》）——"拱"，两手合持。"把"，一手握住。

"桐"、"梓"（zī，ㄗ），两种树名。

（三）孟子曰："不仁者可与言哉？安其危而利其菑，乐其所以亡者。…"（《孟子·离娄上》）——"菑"（zāi，ㄗㄞ），同"灾"。"安其危，利其菑"就是"以其危为安，以其菑为利"。例（一）的"者"字代替"的东西"；例（二）的"者"字代替"的方法"；例（三）的"者"字代替"的原因"。这三个例子里的"所"字都只有指示的作用，而没有称代的作用。

第三，"有以……"、"无以……"。在古代汉语里，我们常常见到"有以……"、"无以……"的说法。有人认为，在这种结构里，"以"字是介词，"有以……"、"无以……"是"有所以……"和"无所以……"的习惯性的省略。例如：

（一）诚得樊将军首与燕督亢之地图，奉献秦王，秦王必说见臣，臣乃得有以报。（《史记·刺客列传》）

（二）乌江亭长权船待，谓项王曰："江东虽小，地方千里，众数十万人，亦足王也。愿大王急渡，今独臣有船，汉军至，无以渡。"（《史记·项羽本纪》）——"权"（yí，ㄧˊ），拢船靠岸。

（三）伍子胥橐载而出昭关，夜行昼伏，至于陵水，无以鬻其口。（《史记·范雎蔡泽列传》）——"橐"（tuó，ㄊㄨㄛˊ），囊，口袋。"橐载而出昭关"，意思是藏在口袋里混出昭关。

例（一）"有以报"就是"有所以报"，意思是"有用来报效你的机会"；例（二）"无以渡"就是"无所以渡"，意思是"没有用来渡江的东西"；例（三）"无以鬻其口"就是"无所以鬻其口"，意思是"没有用来鬻口的东西（方法）"。

课　　文

1. 赵简子① 上羊肠之坂②，群臣皆偏袒③推车，而虎会独担戟④行歌⑤不推车。简子曰：“寡人上坂，群臣皆推车，会独担戟行歌不推车，是会为人臣侮其主。为人臣侮其主，其罪何若⑥？”虎会对曰：“为人臣侮其主者，死而又死。”简子曰：“何谓死而又死？”虎会曰：“身⑦死，妻子又死，若是谓死而又死。君既已⑧闻为人臣而侮其主者之罪矣，君亦闻为人君而侮其臣者乎？”简子曰：“为人君而侮其臣者何若？”虎会对曰：“为人君而侮其臣者，智者不为谋⑨，辩者不为使⑩，勇者不为斗。智者不为谋则社稷危，辩者不为使则使不通，勇者不为斗则边境侵⑪。”简子曰：“善。”乃罢⑫群臣推车，为士大夫置酒⑬与群臣饮，以虎会为上客。（《新序·杂事》）

【注解】

①赵简子，名鞅，春秋时晋国的卿。

②“羊肠之坂”，在今山西省晋城县。“坂”（bǎn，ㄅㄢˇ），山上的斜坡。

③“偏袒”，露出一个胳膊。

④“担戟”，把戟担在肩上，“戟”是古代的一种兵器，在长柄的顶端附有枝状的利刃。

⑤“行歌”，边走边唱。

⑥“何若”，何如，怎么样。

221

⑦ "身"，自身。

⑧ "既已"，已经。

⑨ "智者不为谋"，这儿的"为"字是介词，当"替"讲。"为"字的后面省略宾语代词"之"，指代"人君"。

⑩ "使"，出使，进行外交活动。

⑪ "边境侵"，边境受到侵略。

⑫ "罢"，停止。

⑬ "置酒"，摆酒席。

【解题】

虎会的话表现了他对"为人君而侮其臣"的赵简子的不满，他要求君王要尊重臣子的人格。这种思想有一定的进步意义，应当肯定。但这种思想又是从统治阶级的利益出发的，是为了给统治者笼络更多的人才。

2. 晋文公逐麋①而失之，问农夫老古曰："吾麋何在？"老古以足指曰："如是往②。"公曰："寡人问子，以足指，何也？"老古振衣③而起曰："一④不意⑤人君如此也！虎豹之居也，厌闲⑥而近人，故得⑦；鱼鳖之居也，厌深而之浅，故得；诸侯之居也，厌众而远游，故亡其国。《诗》云：'维鹊有巢，维鸠居之⑧。'君放⑨不归，人将君之。"于是文公恐。归遇栾武子⑩，栾武子曰："猎得兽乎？而有悦色。"文公曰："寡人逐麋而失之，得善言，故有悦色。"栾武子曰："其人安在乎？"曰："吾未与来也⑪。"栾武子曰："居上位而不恤⑫其下，骄也；缓令急诛⑬，暴也；取人之言而弃其身，盗也。"文公曰："善。"还⑭载老古与俱归。（《新序·杂事》）

【注解】

① "麋"（mí，ㄇㄧˊ），与鹿同类而稍大。

②"如是往"，这儿的"如"字是介词，当"按照"讲，这句话的意思是"按照这条路前往"。

③"振衣"，抖抖衣服，去掉尘土。

④"一"，副词，真的，实在。

⑤"不意"，料想不到。

⑥"闲"，防御，这儿指可以防御的处所（岩穴）。

⑦"故得"，所以被捕获。

⑧"维鹊有巢，维鸠居之"，这是《诗经·召南·鹊巢》篇里的两句诗。"维"是古代汉语的句首助词（发语词）。《毛传》说："鸤鸠不自为巢，居鹊之成巢。"这儿引申开来比喻被他人占据了地位，坐享其成。"鸤"（shī，尸）。

⑨"放"，放纵，不检束。这儿是"远游"的意思。

⑩栾武子，春秋时代晋国的一位将军。

⑪"吾未与来也"，这儿的"与"字是介词，当"同"、"跟"讲。"与"字的后面省略宾语代词"之"，指代农夫老古。

⑫"恤"，同情，怜悯。

⑬"缓令急诛"，命令下达得很迟缓，而责成（要求）完成任务很急迫。

⑭"还"，回来。

【解题】

本章通过晋文公与农夫老古的对话，运用了一系列的比喻来说明"厌众而远游"则将"亡其国"的道理。这是一种维护统治阶级利益的思想。

3.子贡问曰："孔文子①何以谓之'文'也？"子曰："敏而好学,不耻下问②,是以③谓之'文'也。"（《论语·公冶长》）

【注解】

①孔文子是卫国的大夫孔圉，"文"是他死后的谥号。

②"不耻下问"，不以下问为耻。这儿的"耻"字为意动用法。"下问"，向地位比自己低，学识不如自己的人问。

③ "是以"，古代汉语介词的凝固结构，意思就是"因此"。

【解题】

孔子特别强调学习的重要性。他主张为了获得知识，应该向一切人学习，包括向不如自己的人学习，这无疑是对的。现在也应该提倡这种精神。

4. 滕文公问曰："滕，小国也，竭力以事大国，则不得免焉①。如之何则可？"孟子对曰："昔者，大王居邠②，狄人③侵之。事之以皮币④，不得免焉；事之以犬马，不得免焉；事之以珠玉，不得免焉。乃属其耆老⑤而告之曰：'狄人之所欲者，吾土地也⑥。吾闻之也，君子不以其所以养人者害人⑦。二三子⑧何患乎无君？我将去之。'去邠，踰梁山，邑于岐山之下居焉⑨。邠人曰：'仁人也，不可失也！'从之者如归⑩市。或曰：'世守也⑪，非身之所能为也⑫，效死⑬勿去。'君请择于斯二者⑭。"（《孟子·梁惠王下》）

【注解】

① "竭力"，尽力。"则不得免焉"，这儿的"则"字跟"而"字的用法相同，当"但是"、"可是"讲。"不得免"意思就是不能避免大国的侵伐。

② 大王就是太王，即周文王的祖父古公亶父，邠就是豳（bīn，ㄅ丨ㄣ），周人的祖先公刘所居的地方，在现在陕西栒邑。公刘传十世到古公亶父，避戎狄侵略，迁居岐山之下，岐山也在现在陕西境内。

③ "狄"，古代北方的少数民族之一。

④ "皮"，狐貉等兽类的皮。"币"，缯帛等丝织品。

⑤ "属"（zhǔ，ㄓㄨˇ），召集。"耆老"，老年人。"耆"（qí，ㄑ丨ˊ），旧说六十曰耆。

⑥ "狄人之所欲者，吾土地也"，"所欲者"，所要的东西，"所"

字指示"的东西"。这个"者"字也可以省去，单说"所欲"就是"所要的"，这时"所"字兼有称代作用。

⑦ "君子不以其所以养人者害人"，这儿的"所以……者"当"拿(用)来……的东西"讲。"所以养人者"意思就是指"拿(用)来养人的东西"。这个"者"字就代替"的东西"，"所"字就只有指示的作用。如果省去"者"字，单说"所以养人"意思也一样，这时"所"字就兼有称代作用。

⑧ "二三子"是古代汉语里的一个熟语，含有代词的性质，有时和"你们几个人"相当，有时和"他们几个人"相当。这儿当"你们几个人"讲。

⑨ "踰梁山，邑于岐山之下居焉"，这儿的"邑"字是名词用作动词，当"作邑"讲。这儿的"焉"字等于"于是"。梁山、岐山都在现在陕西境内。

⑩ "归"，归趋，趋向（动词）。

⑪ "世守也"，这句话的主语是"土地"，这儿省略了。"世守"，世世代代保持。

⑫ "非身之所能为也"，"身"，自己。"为"，处理。

⑬ "效死"，献出生命。

⑭ "君请择于斯二者"，这儿的"请"字是表示劝请的副词。

【解题】

孟子提出太王迁居于岐山之下和"效死勿去"两种对付大国侵略的办法让滕文公选择。但孟子的真正意思还是让滕文公和人民在一起固守抗敌，"效死勿去"。（按：孟子曾经向滕文公提出过这样的做法："……凿斯池也，筑斯城也，与民守之，效死而民弗去，则是可为也。"——《梁惠王下》）孟子所以提出太王的事情来，其目的可能是暗示滕文公要努力做一个象太王那样的"仁人"，事实上在当时滕文公是绝不可能象太王那样迁居到别处去的。

5.孟子曰："三代之得天下也以仁①，其失天下也以不仁②。国之所以废兴存亡者亦然③。天子不仁，不保四海；诸侯不仁，不保社稷④；卿大夫不仁，不保宗庙；士庶人不仁，不保四体⑤。今恶死亡而乐不仁，是由⑥恶醉

而强酒。"（《孟子·离娄上》）

【注解】

①"三代之得天下也以仁"，这儿的"三代"指夏商周，实际上是指夏禹、商汤、周文王、周武王。注意：这句话比较平直的说法是：三代以仁得天下。

其中"三代"是主语，"以仁得天下"是谓语。在谓语中"以仁"是状语，修饰动词"得"。从句子成份来说，状语不是主要的部分，现在为了重视并强调这个部分，便得改变句法，让它突显出来。其步骤是：

1.先把"以仁"这个状语提到句尾；

2.在"三代"和"得天下"之间加"之"字；改变的结果是：

三代之得天下以仁。

这样"三代得天下"这个小句充当了全句的主语，加"之"取消它的独立性。于是"以仁"就上升为全句的谓语了。"以仁"从原来状语的地位上升为谓语，自然突显重要。

3.再在"三代之得天下"的后面加"也"字表示顿宕；这就成了"三代之得天下也以仁"这个句子。

②"其失天下也以不仁"，这儿的"其"等于"三代之"。这句话等于说"三代之失天下也以不仁"，这儿的"三代"实际上是指夏桀、商纣、周幽王、周厉王。

③"国之所以废兴存亡者亦然"，这儿的"国"指诸侯之国。注意：这儿的"所以……者"当"……的缘故"讲。"所以废兴存亡者"，意思就是"废兴存亡的缘故"。这个"者"字就代替"之故"。"所"字就只有指示的作用。如果省去"者"字，单说"所以废兴存亡"，意思也一样。这时"所"字就兼有称代作用。

④"社稷"，"社"，土神；"稷"，谷神。古代天子诸侯有国家存在就得供奉社稷，这样"社稷"就成了"国家"的同义词。

⑤"四体"，身体的四肢。

⑥"由"，同"犹"，当"如同"讲。

【解题】

在这一章里，孟子列举了"不仁"的害处，并告诫统治者要专心致力于"仁"。但是，这儿说的"仁"，显然有它明显的阶级性。

6.楚庄王之弟春申君有爱妾曰余，春申君之正妻子曰甲①。余欲君之弃其妻也，因自伤其身，以示君而泣，曰："得②为君之妾，幸甚③。虽然④，适夫人，非所以事君也⑤，适君，非所以事夫人也。身故⑥不肖⑦，力不足以⑧事二主。其势不俱适，与其死夫人之所者，不若赐死君前⑨，妾以⑩赐死，若复幸于左右⑪，愿君必察之⑫，无为人笑⑬。"君因信妾余之诈，为弃正妻⑭。余又欲杀甲，而以其子为后，因自裂其亲身衣之里，以示君而泣，曰："余之得幸君之日久矣，甲非不知也，今乃⑮欲强戏余，余与争之⑯，至裂余之衣而此⑰。子之不孝，莫大于此矣。"故妻以妾余之诈弃，而子以之死。从是观之，父之爱子也，犹⑱可以毁⑲而害也。君臣之相与也⑳，非有父子之亲也；而群臣之毁言，非特㉑一妾之口也，何怪乎圣贤之戮死哉㉒！此商君之所以车裂于秦；而吴起之所以枝解于楚者也㉓。（《韩非子·奸劫弑臣》）

【注解】

①"春申君之正妻子曰甲"，这个"甲"字的用法和"某"相同，代替不知道的或是失传的人名。这儿代替春申君正妻的儿子的名字。这里的"楚庄王之弟春申君"一句，顾广圻认为与《楚世家》、《春申君列传》皆不合。

②"得"，能够。

③"幸甚"，很幸运。

④"虽然"，虽然如此。跟现代汉语的"虽然"不同。

⑤"适夫人，非所以事君也"，"适"，顺从。"非所以事君"，不

是用来事奉你的办法（道理）。

⑥"故"，就是"固"，本来。

⑦"不肖"，不贤。

⑧"不足以"，不够。

⑨"与其死夫人之所者，不若赐死君前"，"死夫人之所"，就是"死于夫人之所"，"赐死君前"就是"赐死于君前"，这两个小句都省略了"于"字。又这两个小句在意思上有比较得失的关系，说话人打算采取的是"赐死君前"，打算舍弃的是"死夫人之所"，这里头有个选择。古代汉语把"与其"、"不若"前后照应起来用，以表示这种关系。又：这儿在"与其死夫人之所"底下用"者"字提顿，以唤起对下文"不若赐死君前"这个小句的注意。

⑩"妾以赐死"，"以"就是"已"。

⑪"若复幸于左右"，"幸"，宠爱。"左右"，指春申君身边的其他妇女。

⑫"察"，注意，留意。

⑬"无为人笑"，不要被人笑。

⑭"为弃正妻"，这个"为"（wèi，ㄨㄟˋ）是介词。"为"下省略宾语代词"之"，指代妾余。

⑮"今乃"的"乃"当"竟然"讲。

⑯"余与争之"就是"余与之争之"，这儿省略的"之"字指代春申君正妻的儿子。

⑰"而此"，如此。

⑱"犹"，尚且，还。

⑲"毁"，毁谤。

⑳"相与"，在一块儿。

㉑"非特"，不只是。

㉒"戮死"，被杀戮而死。

㉓这句话里的两个"所以"都当"……的缘故（原因）"讲。商君，即商鞅，战国时秦相。吴起，战国卫人，是一个军事家。"车裂"、"枝解"是古代的极残酷的刑罚。"车裂"，是把被刑者的头和四肢分别系在五匹

马的身上，然后鞭马四出，分裂其尸¹。"枝解"，有时写作"支解"，是分裂被刑者肢体的刑罚。

【解题】

这个故事，充分暴露了统治阶级之间为了各自的利益而争权夺利，尔虞我诈，互相陷害的情况，同时，也揭露了当时统治阶级内部的各种矛盾。

7. 楚人和氏得玉璞楚山中①，奉而献之厉王②。厉王使玉人相之③，玉人曰："石也。"王以和为诳④，而刖⑤其左足。及厉王薨⑥，武王即位，和又奉其璞而献之武王。武王使玉人相之，又曰："石也。"王又以和为诳，而刖其右足。武王薨，文王即位，和乃抱其璞而哭于楚山之下，三日三夜，泣⑦尽而继之以血。王闻之，使人问其故。曰："天下之刖者多矣，子奚哭之悲也⑧？"和曰："吾非悲刖也，悲夫宝玉而题⑨之以石，贞士而名之以诳⑩，此吾所以悲也⑪。"王乃使玉人理⑫其璞而得宝焉，遂命⑬曰"和氏之璧"。（《韩非子·和氏》）

【注解】

①"楚人和氏得玉璞楚山中"，和氏就是卞和；"玉璞"，玉在石中还没有经过处理；"得玉璞楚山中"就是"得玉璞于楚山中"，这儿省略"于"字。

②"奉而献之厉王"，这儿的"之"指代"玉璞"；"奉而献之厉王"就是"奉而献之于厉王"，这儿也省略"于"字。

③"玉人"，玉工。"相"，鉴定。

④"诳"（kuǎng，ㄎㄨㄤˇ），欺骗。

⑤"刖"（yuè，ㄩㄝˋ），断足，古代的肉刑。

⑥"薨"（hōng，ㄏㄨㄥ），古代诸侯死叫"薨"。

⑦"泣"，泪。

⑧"子奚哭之悲也"，你怎么哭的这样悲哀呢？

⑨"题"，品评，评价。

⑩ "贞士"，正直之士。"名"，称。

⑪ "此吾所以悲也"，译成现代的说法就是"这是我悲哀的缘故"。

⑫ "理"，治玉。

⑬ "命"，动词，"命名"的意思。

【解题】

"和氏璧"这个故事本身说明"论宝"很难。韩非子在原书里引用这个故事的目的是说明，要使君王认识"法"、"术"这两种政治手段的可贵和重要则更难，因为"人之于法术也，未必和氏璧之急也"，所以当时没有人敢于冒险向君王宣传"法"、"术"的主张。

"和氏璧"这个故事后来流传很广，常被一些人用来发泄那种"怀才不遇"的心情，这在今天是必须加以批判的。

8. 梁惠王曰："寡人愿安承教①。"孟子对曰："杀人以梃与刃②，有以异乎③？"曰："无以异也④。""以刃与政，有以异乎？"曰："无以异也。"曰："庖⑤有肥肉，厩⑥有肥马，民有饥色，野有饿莩⑦；此率兽而食人也。兽相食，且⑧人恶之；为民父母⑨行政，不免于率兽而食人，恶在其为民父母也⑩？仲尼曰：'始作俑者⑪，其无后乎⑫？'为其象人而用之也。如之何其使斯民饥而死也？"

（《孟子·梁惠王上》）

【注解】

① "愿安承教"，愿意安心乐意地接受教训。

② "梃"，木棒。"刃"，锋快的刀。

③ "有以异乎"，就是"有所以异乎"，意思是"具有用来区别之点吗"，"有什么不同吗"。

④ "无以异也"，就是"无所以异也"，意思是"没有用来区别之点"，"没有什么不同"。

⑤ "庖"，厨房。

⑥ "厩"，马棚。

⑦ "饿莩"，饿死的人。"莩"（piǎo，ㄆㄧㄠˇ），同"殍"。

⑧ "且人恶之"，这儿的"且"字当"尚且"讲，副词。

⑨ "为民父母"，儒家把统治阶级的君王或官吏叫做"民之父母"，集中体现出儒家政治理论中的反动和欺骗的因素。

⑩ "恶在其为民父母也"，这儿的"恶"（wū，ㄨ）字是疑问代词，"恶在……"等于说"何在……"。这句话的意思是：在哪一点上他配作为人民的父母呢？

⑪ "始作俑者"，开始发明用"俑"来殉葬的人。

⑫ "其无后乎"，大概会没有后嗣（绝后代）吧。

【解题】

孟子指出了梁惠王"以政杀人"之"不仁"，暴露了统治阶级施行暴政以满足自己的侈奢享受的罪行。"庖有肥肉，厩有肥马，民有饥色，野有饿莩"就是统治者"率兽而食人"的鲜明写照，反映了当时阶级矛盾的尖锐。孟子在这里宣传了他的"仁政"和"民为贵"的思想，这种思想在当时是进步的。

课外练习资料

~~~说　　明~~~

　　每课的课外练习资料，是为初学古代汉语的读者编选的。编选这些资料的目的是：希望初学古代汉语的人理论联系实际，能够运用每课所学的文言语法知识，在字典辞书的帮助下进行练习，以锻炼自己的阅读一般古书的能力。

　　在进行每课课外练习时，要求能就各条资料断句标点，正确地理解词句的意思，并能分析句子的结构和虚字用法，如能进一步逐条翻译成现代汉语，以及就文章的思想内容作出解题更好。

课外练习资料（一）

　　1·　孔子观于鲁桓公之庙有欹器焉孔子问于守庙者曰此为何器守庙者曰此盖为宥坐之器孔子曰吾闻宥坐之器者虚则欹中则正满则覆孔子顾谓弟子曰注水焉弟子挹水而注之中而正满而覆虚而欹孔子喟然而叹曰吁恶有满而不覆者哉（《荀子·宥坐》）

　　注："欹"，倾斜而易于翻覆。　　"宥坐"，放在座位右边〔以资警惕〕。　　"顾"，回过头来。　　"注"，灌。　"挹"，舀。

232

"喟然"，叹气的样子。　　"吁"，叹词。"恶"（wū, ㄨ），
哪儿。

2．宋人或得玉献诸子罕子罕弗受献玉者曰以示玉
人玉人以为宝也故敢献之子罕曰我以不贪为宝尔以玉为
宝若以与我皆丧宝也不若人有其宝（《左传·襄公十五年》）

注："玉人"，琢玉的人。"丧"，丧失。

3．景公之时雨雪三日而不霁公披狐白之裘坐于堂
侧阶晏子入见立有间公曰怪哉雨雪三日而天不寒晏子对
曰天不寒乎公笑晏子曰婴闻古之贤君饱而知人之饥温而
知人之寒逸而知人之劳今君不知也公曰善寡人闻命矣乃
令出裘发粟以与饥寒者（《晏子春秋》）

注："霁"，放晴。　　"有间"，过了一会儿。　　"雨雪"，下
雪，这儿的"雨"字用作动词，当"降"、"下"讲，　　"闻
命"，受教。"发"，打开谷仓取出粮食叫"发"。

4．虎求百兽而食之得狐狐曰子无敢食我也天帝使
我长百兽今子食我是逆天帝命也子以我为不信吾为子先
行子随我后观百兽之见我而敢不走乎虎以为然故遂与之
行兽见之皆走虎不知兽畏己而走也以为畏狐也（《战国
策·楚策》）

注："长百兽"，为百兽之长。

课外练习资料（二）

1．　武王至鲔水殷使胶鬲候周师武王见 之胶 鬲曰西伯将何之无欺我也武王曰不子欺将之殷也胶鬲 曰曷至 武王曰将以甲子至殷郊子以是报矣胶鬲行天雨日夜不 休 武王疾行不辍军师皆谏曰卒病请休之武王曰吾 已 令胶鬲以甲子之期报其主矣今甲子不至是令胶鬲不 信也胶鬲 不信也其主必杀之吾疾行以救胶鬲之死也武 王果以甲子至殷郊殷已先陈矣至殷因战大克之（《吕氏春秋·贵因》）

> 注：“曷”，何时。　　　“以”，在。“甲子”，指日子（甲子日）。
> “疾”，快。　　“辍”，停止。　　“卒”，战士。　“休之”，
> 让他们（战士）休息。　　“因”，于是就。　　　“克”，胜。

2．　臧与谷二人相与牧羊而俱亡其羊问 臧奚事则挟策读书问谷奚事则博塞以游二人者事业不同其 于 亡羊均也（《庄子·骈拇》）

> 注：“相与”，在一块儿、共同。　　　“则”，原来是。　　“策”，
> 古代写字用的竹简，一说是赶羊的鞭子。　　“博塞”，掷骰子
> 赌博叫“博”，不掷骰子赌博叫“塞”，这儿是赌博的意思。
> “均”，一样，相同。

3．　齐宣王问卿孟子曰王何卿之问 也 王曰卿 不同乎曰不同有贵戚之卿有异姓之卿王曰请问贵戚之卿 曰君有大过则谏反复之而不听则易位王勃然变乎色曰王 勿异

也王问臣臣不敢不以正对王色定然后请问异姓 之卿曰君
有过则谏反复之而不听则去（《孟子·万章下》

注：“卿”，比大夫高一级，掌管国家大事的。 “贵戚”，和君王
有亲族关系。 “易位”，变更君位，另立贤君。 “勃然”，
又气又怕的样子。 “勿异”，不要责怪。“正”，正经话。

4． 子墨子怒耕柱子耕柱子曰我无愈于人乎 子墨子
曰我将上太行驾骥与牛子将谁驱耕柱子曰将 驱 骥也子墨
子曰何故驱骥也耕柱子曰骥足以责子墨子曰我 亦 以子为
足以责（《墨子·耕柱》）

注： “愈”，好，贤。“骥”，好马。 “驱”，赶（牲口）。
“足以”，值得。

课外练习资料（三）

1． 景公出猎上山见虎下泽见蛇归召晏子 而 问之曰
今日寡人出猎上山则见虎下泽则见蛇殆所谓不祥 也 晏子
对曰国有三不祥是不与焉夫有贤而不知一不祥知而 不 用
二不祥用而不任三不祥也所谓不祥乃若此者也今 上 山见
虎虎之室也下泽见蛇蛇之穴也如虎之室如蛇之 穴而 见之
曷为不祥也（《晏子春秋》）

注：“泽”，水积聚的地方。 “殆”，大概。 “不与”，不
在内，“与”，(yù, ㄩˋ)。 “任”，给予实权。 “如”，往。
“曷”，疑问代词。

2. 孟武伯问子路仁乎子曰不知也又问子曰由也千乘之国可使治其赋也不知其仁也　求也何如子曰求也千室之邑百乘之家可使为之宰也不知其仁也赤也何如子曰赤也束带立于朝可使与宾客言也不知其仁也（《论语·公冶长》）

注：“千乘之国”，有一千辆兵车的国家，　“赋”，兵役工作。“千室之邑”，有一千户人口的县份。　“百乘之家”，有一百辆兵车的大夫的封地。（注意：这儿的“家”是封地、采邑的意思。）　“束带”，系着带子，这儿的意思是穿着礼服。“朝”，朝廷。

3. 晋平公问于叔向曰昔者齐桓公九合诸侯一匡天下不识其君之力乎其臣之力乎叔向对曰管仲善制割隰朋善削缝宾胥无善纯缘桓公知衣而已亦其臣之力也师旷侍曰臣请譬之以五味管仲善断割之隰朋善煎熬之宾胥无善齐和之羹以熟矣奉而进之而君不食谁能彊之亦君之力也（《新序·杂事》）

注：“九合诸侯”，多次地纠合诸侯（多次地主持诸侯之间的盟会），这儿的“九”是虚数，放在动词前面表示次数之多。“一匡”，统一并且匡正。“制割”，裁割，这儿指裁衣而言，“削缝”，修裁缝纫。　“纯缘”，缉衣边。“纯”(zhǔn，ㄓㄨㄣˇ）。“亦其臣之力也”的“亦”字当“祇”（只是）讲。“断割”，这儿指割肉而言。“齐(jì，ㄐㄧˋ)和”，调和作料以调味，“以”，通“已”。

4. 长梧封人问子牢曰君为政焉勿卤莽治民焉勿灭裂昔予为禾耕而卤莽之则其实亦卤莽而报予芸而灭裂之

其实亦灭裂而报予予来年变齐深其耕而熟耰之其禾繁以滋予终年厌飧（庄子·则阳》）

注："长梧"，地名。　　"封人"，守边疆的人。　　"鲁莽"，粗疏草率。　　"灭裂"，轻率，随便处理。　　"芸"，拔草。"变齐"，改变做法。　　"熟"，仔细地。　　"耰"（yōu，丨ㄡ），锄。　　"厌"，足，吃不完。"飧"（sūn，ㄙㄨㄣ），本义是晚餐，这儿指粮食。

5. 齐宣王问曰齐桓晋文之事可得闻乎孟子对曰仲尼之徒无道桓文之事者是以后世无传焉臣未之闻也无以则王乎曰德何如则可以王矣曰保民而王莫之能御也曰若寡人者可以保民乎哉曰可曰何由知吾可也曰臣闻之胡龁曰王坐于堂上有牵牛而过堂下者王见之曰牛何之对曰将以衅钟王曰舍之吾不忍其觳觫若无罪而就死地对曰然则废衅钟与曰何可废也以羊易之不识有诸曰有之曰是心足以王矣百姓皆以王为爱也臣固知王之不忍也（《孟子·梁惠王上》）

注："徒"，门徒，学生。"是以"，因此。　　"无以则王乎"，"无以"，就是"无已"，不得已。这句话的意思是：必不得已一定要我说就说"王"吧。　　"王"（wàng，ㄨㄤ，意思是"以德有天下"。　　"衅钟"，用牲畜的血涂抹钟的缝隙来祭钟。"衅"（xìn，ㄒㄧㄣ）。"舍"同"捨"。"觳觫若"，恐惧发抖的样子，这儿的"若"字是形容词的词尾。　　"就"，走向。"然则"，如此那么。　　"足以"，够。　　"爱"，舍不得，吝啬。

237

课外练习资料（四）

1. 范仲淹二岁而孤母贫无依再适长山朱氏既 长 知其世家感泣辞母去之南都入学舍昼夜苦学五 年 未尝解衣就寝或夜昏怠辄以水沃面往往饘粥 不充日昃始食 遂大通六经之旨慨然有志于天下常自诵 曰士当先天下之 忧而忧后天下之乐而乐也（《宋名臣言行录》）

　　注："适"，出嫁，"再适"，是改嫁的意思。　　"知其世家"，知道自己非朱氏之子。　　"或夜昏怠"的"或"字当"有时"讲。　　"沃"，浇。　　"饘"（zhān，ㄓㄢ），稠粥。"日昃"，太阳过午西斜。

2. 孟子少时东家杀豚孟子问其母曰东家杀 豚 何为母曰欲啖汝其母自悔而言曰吾怀妊是子席 不 正不坐割不正不食胎教之也今适有知而欺之是教 之不信也乃买 东家豚肉以食之明不欺也（《韩诗外传》）

　　注："啖"，食。"怀妊"，怀孕。　　"割"，这儿指"割肉"。"适"，刚刚。

3. 疾病有不治能自瘳者有治之则瘳者有不治则不瘳者有虽治而终身不可愈者昔虢太 子死扁 鹊治而生之鹊曰我不能治死为生也能使可生者 生耳然太子不遇 鹊亦不生矣若夫膏肓之疾虽医和亦不能治矣（《汉纪六》）

注：“瘳”（chōu，彳又），病好。　　“若夫”，至于（表示另提一事的连词）。　　“膏肓之疾”，中医把心尖脂肪叫“膏”，把横膈膜叫“肓”（huāng，厂ㄨ尢），“膏肓之疾”是无法医治的疾病。　　“医和”，医生名叫和的。

4. 宋景文云诗人必自成一家然后传不朽 若 体规画园准矩作方终为人之臣仆故山谷诗云文章最忌 随 人后又云自成一家始逼真诚不易之论也（《王耳方诗话》）

注：“体”，格式。　　“准”，标准。

5. 子夏见曾子曰何肥也对曰战胜 故 肥也曾子曰何谓也子夏曰吾入见先王之义则荣之 出见富贵之乐又 荣之两者战于胸中未知胜负故臞今先王之义胜 故 肥（《韩非子·喻老》）

注：“战”，斗争。　　“先王之义”，指古代贤君的做人处 世 的道理。　　“臞”（qú，ㄑㄩ），瘦。

6. 阳子之宋宿于逆旅逆旅有妾二人其一人美其一人恶恶者贵而美者贱阳子问其故逆旅小子对曰其美 者自 美吾不知其美也其恶者自恶吾不知其恶也阳子曰弟 子 记之行贤而去自贤之行安往而不爱哉（《庄子·山木》）

注：“逆旅”，旅馆。　　“行贤”和“自贤之行”的“行”都音 “幸”，当“品行”“操行”讲。　　“安往而不爱哉”的“爱”，用在这儿当“被爱”讲。

7. 蒯通曰天下初发难也俊雄豪桀建号一呼 天 下之士云合雾集鱼鳞杂遝熛至风起当此之时忧在亡 秦而已今

楚汉分争使天下无罪之人肝胆涂地父子暴骸 骨于中野 不可胜数楚人起彭城转斗逐北至于荥阳乘利席卷威 震天下然兵困于京索之间迫西山而不能进者三年于此 矣汉王将数十万之众距巩雒阻山河之险一日数战无尺寸之功 折北不救败荥阳伤成皋遂走宛叶之间此所 谓智勇俱困者也 夫锐气挫于 险塞而粮食竭于内府百姓罢极怨望容容无所 倚以臣料之其势非天下之贤圣固不能 息 天下之祸……

（《史记·淮阴侯列传》）

注：“豪桀”就是豪杰。 “建号一呼”意思是建立名号，呼召起义。 “杂遝”，密凑在一起。 “熛”（biāo，ㄅㄧㄠ），突然发生的火。 “忧在亡秦而已”，人们共同的忧虑只在垂亡的秦朝而已。 “中野”，田野中。

8. 蚌方出曝而鹬啄其肉蚌合而柑其啄鹬曰今日 不雨明日不雨即有死蚌蚌亦为鹬曰今日不出明日不 出 即有死鹬两者不肯相舍渔者得而并禽之（《战国策·燕策》）

注：“鹬”，水鸟名。 “禽”同“擒”，捉住。

9. 南海之帝为儵北海之帝为忽中央之帝 为 浑沌儵与忽时相遇于浑沌之地浑沌待之甚善儵与忽谋报 浑沌之德曰人皆有七窍以视听食息此独无有尝试凿之日 凿一窍七日而浑沌死（《庄子·应帝王》）

注：“儵”（shú，ㄕㄨˊ），“忽”，“浑沌”均为 神名。 “儵”与“忽”象征神速，“浑沌”指没有五官七窍。

课外练习资料（五）

1. 齐桓公见小臣稷一日三至不得见也 从者曰 万乘
之主布衣之士一日三至不得见亦可以 止矣桓公曰 不然士
之傲爵禄者固轻其主其主傲霸王者亦轻其士 纵 夫子傲爵
禄吾庸敢傲霸王乎五往而后得见天下 闻之皆曰桓 公犹下
布衣之士而况国君乎……（《新序·杂事》）

　　注："万乘之主"本指天子，古制：天子有兵车万乘，这儿指齐桓公。
　　"布衣之士"指小臣稷。　　"傲"，同傲。"庸敢"等于说"岂
　　敢"。　　"而况"，何况。

　　【说明】从这段资料中，可以看出古代君王和士人之间的 关系。齐桓公
之所以礼贤下士，不过是为了想利用士人以达到自己称王称霸的目的。

2. 武王克殷召太公而问曰将奈其士众何太 公 对曰
臣闻爱其人者兼屋上之乌憎其人者恶其余胥 咸刘 厥敌使
靡有余何如王曰不可太公出邵公入王曰 为之奈何 邵公对
曰有罪者杀之无罪者活之何如王曰不可邵公 出 周公入王
曰为之奈何周公曰使各居其宅田其田无变旧 新惟仁是 亲
百姓有过在予一人……（《说苑·贵德》）

　　注："乌"，疑为屋脊上的装饰，如后世鸱吻之类。　　"余胥"，
　　一作"储胥"，又作"胥余"，里落之壁。　　"咸刘"，消灭，
　　杀绝。　　"厥"，那些。　　"在予一人"，意思是由君王来承担。
　　（"予一人"，古君王之称）

3．孟浩然游京师张九龄王维雅称道之维因邀入内省俄而明皇至浩然匿床下维以实对帝喜曰闻其人矣而未之见也何惧而匿诏出问所为诗浩然自谓云不才明主弃明皇曰卿自不求仕非朕弃卿也奈何诬我因放还（《古今诗话》）

注："京师"，指唐代都城长安。　　"雅"，极，甚，副词。　　"内省"，就是禁省，指皇帝居住的地方。　　"俄而"，一会儿。"诏"，皇帝的命令叫"诏"，这儿是动词。　　　　"卿"，君对臣的称谓。

4．邹穆公有令食凫雁必以秕无得以粟于是仓无秕而求易于民二石粟而得一石秕吏以为费请以粟食之穆公曰去非汝所知也夫百姓饱牛而耕暴背而耘勤而不惰者岂为鸟兽哉粟米人之上食奈何其以养鸟且尔知小计不知大会周谚曰囊漏贮中而独不闻与夫君者民之父母取仓之粟移之于民此非吾之粟乎鸟苟食邹之秕不害邹之粟也粟之在仓与在民于我何择邹民闻之皆知私积与公家为一体也此之谓知富邦（《新序·刺奢》）

注："凫"（音扶），野鸭。　　"秕"（bǐ，ㄅㄧˇ），不饱满的谷粒。"于是"，在此时。　　"暴"，晒。"耘"，除草。"小计"，打小算盘。　　"大会"，算大账。　　"贮"，储藏之处，"囊漏贮中"，意思是从袋子里漏到储藏的地方去。　　"何择"，有什么区别。

【说明】邹穆公主张节约粮食是对的。但是他认为"君者民之父母，取仓之粟移之于民，此非吾之粟乎？"这充分暴露出封建统治者的阶级本质。

5．子路曰桓公杀公子纠召忽死之管仲不死曰未仁

乎子曰桓公九合诸侯不以兵车管仲之力也如其仁如其仁
（《论语·宪问》）

> **注**：公子纠是齐桓公的哥哥，召忽和管仲是公子纠的师傅。　"如其仁"，这就是他的仁德。

6．秋水时至百川灌河泾流之大两涘渚崖之间 不 辩
牛马于是焉河伯欣然自喜以天下之美为尽在己顺 流 而 东
行至于北海东面而视不见水端于是焉河伯 始 旋其面目望
洋向若而叹曰野语有之曰闻道百以为莫己若 者 我之谓也
且夫我尝闻少仲尼之闻而轻伯夷之义者始吾弗信今 我 睹
子之难穷也吾非至于子之门则殆矣——吾长见笑 于 大 方
之家（《庄子·秋水》）

> **注**："泾"同径，河水的宽度。一说，借为"圣"；"圣"，水脉。"辩"，辨。"两涘渚崖"，两岸边。"渚"，沙洲。"崖"，高岸。"河伯"，黄河之神，姓冯名夷。"若"，海神的名字。"百"，百分之一。

课外练习资料（六）

1．曾子曰士不可以不弘毅任重而道远仁以为己 任
不亦重乎死而后已不亦远乎（《论语·泰伯》）

> **注**："弘"，刚强。"毅"，有毅力。　"任重而道远"，这句的前面要加"因为"来理解。　"仁以为己任"，就是"以仁为己任"，把实现仁德作为自己的任务。

2.　孝文皇帝即位二十三年宫室苑囿车骑服御 无 所 增 益有不便者辄弛以利民尝欲作露台召匠计之直 百金上曰百金中人十家之产也吾奉先帝宫室常恐羞之何以 台 为 (《汉书·文帝纪》)

注:"苑囿",养禽兽的园子。　　"服御",使用,这儿指一切使用的东西。　　"弛",废弃。"直",值。　　"常 恐 羞 之",常恐惧羞愧,意思是自以为不配享用。

3.　儒以诗礼发冢大儒胪传曰东方作矣事之何 若 小儒曰未解裙襦口中有珠诗固有之曰青青之麦生于陵 陂 生不布施死何含珠为接其鬓厌其顪而以金椎控其颐 徐别 其颊无伤口中珠(《庄子·外物》)

注:"发冢",盗掘坟墓。"胪传",传话。　　"东方作矣",指东方天亮日出而言。　　"裙襦",指死 者 所穿的裙和短衣。"青青之麦"以下四句是古代的逸诗,讽刺被埋葬的贵 族的。　　"陵陂",山陵的旁边。　　"接",撮。"厌",按。　　"颪"(huì,ㄏㄨㄟˋ),面颊下的胡须。　　"金椎",金属的打击器。"控",打。"颐",面颊。

4.　魏武侯浮西河而下中流顾谓吴起曰美哉乎 河 山之固也此魏国之宝也吴起对曰在德不在险昔 三 苗氏左洞庭右彭蠡德义不修而禹灭之夏桀之居左河济右太华 伊 阙在其南羊肠在其北修政不仁汤放之殷纣之国 左 孟门而右太行常山在其北大河经其南修政不德武王伐之由此 观 之在德不在险若君不修德船中之人尽敌国也武侯曰善(《说

苑·贵德》)

注："浮"，泛舟。　　"西河"，指山西、陕西两省之间纵流而下的黄河。　　"中流"，半途。

5.　延陵季子出游见路有遗金当夏五月有挟裘而薪者季子呼薪者曰取彼地金来薪者投镰于地瞋目拂手而言曰何子居之高视之下仪貌之壮语言之野也吾当夏五月披裘而薪岂取金者哉季子谢之请问姓字薪者曰子皮相之士也何足语姓名遂去不顾（《论衡·书虚》）

注："薪"，打柴。　　"瞋"（chēn，彳ㄣ），张目怒视。　　"皮相"，但观外表不究内心。

课外练习资料（七）

1.　晋平公问于叔向曰国家之患孰为大对曰大臣重禄而不极谏近臣畏罚而不敢言下情不上通此患之大者也公曰善于是令国曰欲进善言谒者不通罪当死（《新序·杂事》）

注："极谏"，甚谏。

2.武王胜殷得二虏而问焉曰而国有妖乎一虏答曰吾国有妖昼见星而雨血此吾国之妖也一虏答曰此则妖也虽然非其大者也吾国之妖其大者子不听父弟不听兄君令不

行此妖之大者也(《新序·杂事》)

　　注："而国"，等于说"你们国家"。

　　【说明】从"子不听父，弟不听兄，君令不行，此妖之大者也"数句话中，一方面反映出殷朝政治腐败、社会混乱，另一方面也反映出作者是站在统治阶级立场上，来维护等级制度的。

　　3．齐景公谓子贡曰子谁师曰臣师仲尼公曰仲尼贤乎对曰贤公曰其贤何若对曰不知也公曰子知其贤而不知奚若可乎对曰今谓天高无少长愚智皆知高高几何皆曰不知也是以知仲尼之贤而不知其奚若(《说苑·善说》)

　　注："无"，无论．

　　4．子贡问曰乡人皆好之何如子曰未可也乡人皆恶之何如子曰未可也不如乡人之善者好之其不善者恶之(《论语·子路》)

　　5．子贡问于孔子曰昔者齐君问政于夫子夫子曰政在节财鲁君问政于夫子夫子曰政在谕臣叶公问政于夫子夫子曰政在悦近而来远三者之问一也而夫子应之不同然政在异端乎孔子曰各因其事也……(《孔子家语·辩政》)

课外练习资料（八）

　　1．客有教燕王为不死之道者王使人学之所使学者

未及学而客死王大怒诛之王不知客之 欺己而诛学者 之晚
也夫信不然之物而诛无罪之臣 不察之患也 且人所急无如
其身不能自使其无死安能使王长生哉（《 韩非子·外储说
左上》）

2． 公叔文子为楚令尹三年民无敢入朝公叔 子 见曰
严矣文子曰朝廷之严也宁云妨 国家之治哉公叔子曰严则
下暗下暗则上聋聋暗不能 相通何国之治也盖闻 之也顺针
缕者成帷幕合升斗者实仓廪并小流而成 江海 明主者有所
受命而不行未尝有所不受也(《说苑·政理》)

注："宁"，难道。 　　"暗"（yīn，丨ㄣ），沉默。

3． 昔者楚丘先生行年七十披裘带索 往见孟尝 君欲
趋不能进孟尝君曰先生老矣春秋高矣何 以教之楚 丘先生
曰噫将使我追车而赴马乎投石而 超距乎逐麋鹿 而搏豹虎
乎吾已死矣何暇老哉噫将使我出正辞 而当诸侯乎决 嫌疑
而定犹豫乎吾始壮矣何老之有 孟尝君逡巡避席面有愧 色
诗曰老夫灌灌小子跷跷言老 人欲尽其谋而少者骄而不 受
也秦穆公所以败其师殷纣所以亡天下也（《新序·杂事》）

注："赴马"，意思是跟在马后奔跑。 　　"超距"，跳跃。 　　"逡
巡"，退却的样子。 　　"避席"，离开坐席,表示敬意。 　　"灌
灌"，诚恳。"跷跷"，骄傲。

4． 乐天初举名未振以歌诗投顾况况 戏之 曰长安物
贵居大不易及读至原上草云野火烧不尽春风吹 又生曰有

句如此居亦何难老夫前言戏之耳（《古 今 诗 话 》）

注："举"，中举。　　　"名未振"，意思是还没有出名。　　　"投"，
赠。

5.　郭祥正有句云明月随人渡流水王介 甫 爱之曰此
言如有神助余记范文正公诗云多情 是明月 相逐过江来乃
知郭本此（《能改斋漫录八》）

6.　牛弘性宽厚笃志于学虽职务繁杂书不释 手 弟弼
好酒而酗尝醉射杀弘驾车牛弘还宅 其妻迎谓曰 叔射杀牛
弘无所怪问直答曰作脯坐定其妻又曰叔忽 射 杀牛大是异
事弘曰已知颜色自若读书不辍（《北史牛弘传》）

注："酗"(xù，ㄒㄩˋ)，醉而发怒。　　　"脯"(fǔ，ㄈㄨˇ)，干肉。

7.　景公饮酒田桓子侍望见晏子而复公曰请 浮 晏子
公曰何故也无宇对曰晏子衣缁布之衣麋鹿之 裘 栈轸之车
而驾驽马以朝是隐君之赐也公曰诺晏子坐酌者奉 觞 进之
曰君命浮子晏子曰何故也田桓子 曰君赐之卿位以显 其身
宠之百万以富其家群臣之爵 莫尊于子禄莫重于子今子 衣
缁布之衣麋鹿之裘栈轸之车而驾 驽马以朝则是隐君之 赐
也故浮子晏子避席曰请饮而后辞 乎其辞而后饮乎公曰辞
然后饮晏子曰君赐之以卿位以 显其身婴非敢为显 受也为
行君令也宠之百万以富其家 婴非敢为富受也为 通君赐也
臣闻古之贤君臣有受厚 赐而不顾其困族则过 之临事守职
不胜其任则过之君之内隶臣之父兄若有离 散在于野鄙 此

臣之罪也君之外隶臣之所职若有播亡在 于四方 此臣之罪也兵革之不完战车之不修此臣 之罪也若夫弊 车驽马以朝意者非臣之罪乎且以君之赐 父之党无不乘车者 母之党无不足于衣食者妻之党无冻 馁者国之简士待臣而后举火 者数百家如此者为彰君赐 乎为隐君赐乎公曰善 为我浮无宇也（《晏子春秋·内篇杂下》）

注："浮"，罚，罚酒的意思。　　"觞"（shāng，尸尢），古代的一种酒器。

课外练习资料（九）

1.　子墨子曰万事莫贵于义今谓人曰予子冠 履 而断子之手足子为之乎必不为何故则冠 履不若手足之 贵也又曰予子天下而杀子之身子为之乎 必不为何故 则天下不若身之贵也争一言以相杀 是义贵于其身也故 曰万事莫贵于义也（《墨子·贵义》）

2.　惠子相梁庄子往见之或谓惠子曰庄子来 欲 代子相于是惠子恐搜于国中三日三 夜庄子往见之曰 南方有鸟其名为鹓雏子知之乎夫鹓雏发 于南海而飞于 北海非梧桐不止非练实不食非醴泉不饮于是鸱得腐鼠 鹓雏过之仰 而视之曰吓今子欲以子之梁国而吓我邪（《庄子·秋水》）

注："倈实"，竹实。　　"醴泉"，甘美的泉水。
"于是鹓得腐鼠"的"于是"，等于说"于此时"。

3.　甘茂亡秦且之齐出关遇苏子曰君闻夫 江 上之处
女乎苏子曰不闻曰夫江上之处女有 家贫而无烛者 处女相
与语欲去之家贫无烛者将去矣 谓处女曰妾以 无烛故常先
至扫室布席何爱余明之照四壁者幸以赐 妾何妨 于处女妾
自以有益于处女 何为去我处女相语以为然 而留之今臣不
肖弃逐于秦而出关愿为足下扫室布席幸无 我逐也苏子曰
善（《战国策·秦策》）

注："语"，商谈。"布"，铺开。　　"余明"，（烛的）余光。
"自以"，自以为。

4.　晋平公与群臣饮饮酣乃喟然叹曰莫乐 为人君惟
其言而莫之违师旷侍坐于前援琴撞之公 披衽而避琴 坏于
壁公曰太师谁撞师旷曰今者有小人言 于侧者故撞之 公曰
寡人也师旷曰哑是非君人者之言也左 右请涂之公 曰释之
以为寡人戒（《韩非子·难一》）

注："师旷"，晋平公的音乐官，这人是瞎子。　　"援"，举起来。
"衽"，古人衣服上的大衿。　　"哑"，表示惊讶的感叹词。
"涂之"，涂抹墙壁被琴撞坏的地方，上文说"琴坏于壁"。
"释"，免，意思是不必涂抹。

5.　秦穆公使孟盟举兵袭郑过周以东郑之贾 人 弦高
塞他相与谋曰师行数千里又数过诸 侯之地其势必 袭郑凡

袭国者以为无备也今示以知其情 必不敢进乃 矫郑伯之命
以十二牛劳之三率相与谋曰 凡袭人者以为弗知今 已知之
矣守备必固进必无功乃还师而反（《 淮南子·人间训 》）

注："矫"，假托。"三率"就是"三帅"，指孟明等三将。

课外练习资料（十）

1. 魏文侯问李克曰吴之所以亡者何也李克 对 曰数
战数胜文侯曰数战数胜国之福也其所以 亡何也李克曰 数
战则民疲数胜则主骄以骄主治疲民 此其所以亡也 是故好
战穷兵未有不亡者也（《新序·杂事》）

2. 田赞衣补衣而见荆王荆王曰先生之衣何 其 恶也
田赞对曰衣又有恶于 此者也荆王曰可得而闻乎 对曰甲恶
于此王曰何谓也对 曰冬日则寒夏日则暑 衣无恶乎甲者赞
也贫故衣恶也今大王万乘之主也富贵 无敌而好衣 民以甲
臣弗得也意者为其义邪甲之事兵之事 也刭人之颈刳人 之
腹隳人之城郭刑人之父子也其名又甚不 荣意者为其 实邪
苟虑害人人亦必虑害之苟虑危人人亦 必虑危之其实 又甚
不安之二者臣为大王无取焉荆王无以应（《 吕 氏 春秋·
顺说 》）

注："弗得"，等于说"弗取"。 "意者"，或者。 "隳"（huī，
　　　　ㄏㄨㄟ），毁坏。"刑"，杀。 "之二者"的 "之"字 是指代

词，当"这"讲。

3．　生而眇者不识日问之有目者或告之曰日之 状 如铜槃扣槃而得其声他日闻钟以为日也或 告 之曰日之光如烛扪烛而得其形他日揣籥以为 日也日之与钟籥亦 远矣而眇者不知其异以其未尝见而求之人也（《苏轼《日喻》）

注："眇"（miǎo，ㄇㄧㄠ），盲目，瞎眼。　　"籥"，古乐器，象笛而短小。

4．　此人一一为具言所闻皆叹惋余人各复延 至 其家皆出酒食停数日辞去此中人语云不足为外人 道也既 出得其船便扶向路处处志之及郡下诣太守说如 此太 守即遣人随其往寻向所志遂迷不复得路南阳刘子骥高尚 士 也闻之欣然亲往未果寻病终后遂无问 津 者（陶渊明《桃花 园记》）

注："此人"，指渔人。

5．　永之氓咸善游一日水暴甚有 五六氓乘小 船绝湘水中济船破皆游其一氓尽力而不能 寻常其侣曰汝善游 最也今何后为曰吾腰千钱重是以后 曰何不去之不应 摇其首有顷益怠已济者立岸上呼且 号曰汝愚之甚蔽之甚 身且死何以货为又摇其首遂溺死（柳宗元《哀溺文》）

注："氓"，民。"货"，钱。

语　法　练　习　（一）

一、把下列各句译成现代汉语，并说明加"△"号各词的用法：

1．我学不厌而教不倦也。（《孟子·公孙丑上》）

2．王笑而不言。（《孟子·梁惠王上》）

3．子曰："志士仁人，无求生以害仁，有杀身以成仁。"
（《论语·卫灵公》）

4．禹闻善言则拜。（《孟子·公孙丑上》）

5．君仁，莫不仁；君义，莫不义。（《孟子·离娄上》）

6．或告子旗，子旗不信。（《左传·昭公八年》）

7．虽有粟，吾得而食诸？（《论语·颜渊》）

8．云雨之山有木名栾，群帝焉取药。（《山海经·大荒南
经》）

9．晋公子重耳之及于难也，晋人伐诸蒲城。（《左传·僖
公二十三年》）

10．二子之不欲战也宜。（《左传·哀公十一年》）

11．孟子！吾见师之出而不见其入也。（《左传·僖公三十
二年》）

二、把下列各句译成现代汉语，并分析加"·"号部分的句法：

12．春风杨柳万千条，六亿神州尽舜尧。（毛主席《送瘟神
二首》）

13．亲仁善邻，国之宝也。（《左传·隐公六年》）

14．甘茂，贤人；非恒士也。（《战国策·秦策》）

253

语 法 练 习（二）

把下列各句译成现代汉语，并分析加"·"号部分的句法：

1．我无尔诈，尔无我虞。（《左传·宣公十五年》）

2．狂者害人，莫之怨也；婴儿詈老，莫之疾也。（《淮南子·说林训》）

3．借问瘟君欲何往？纸船明烛照天烧。（毛主席《送瘟神二首》）

4．吾谁与为邻？（《庄子·山木》）

5．戎狄是膺，荆舒是惩。（《诗经·鲁颂·閟宫》）

6．其一心专心致志，唯奕秋之为听。（《孟子·告子上》）

语 法 练 习（三）

把下列各句译成现代汉语，并说明加"△"号各词的用法：

1．舜人也，我亦人也。（《孟子·离娄下》）

2．履之相似，天下之足同也。（《孟子·告子上》）

3．兼并易能也，唯坚凝之难焉。（《荀子·议兵》）

4．晋侯在外十九年矣。（《左传·僖公二十八年》）

5．百亩之田，勿夺其时，八口之家可以无饥矣。（《孟子·梁惠王上》）

6．子贡曰："君子之过也，如日月之食焉。过也，人皆见

之；更也，人皆仰之。"（《论语·子张》）

7．庄王围宋，军有七日之粮尔。尽此不胜，将去而归尔。（《公羊传·僖公三十一年》）

8．鲤也死，有棺而无椁。（《论语·先进》）

9．仁也者，人也。（《孟子·尽心》）

10．子曰："臧文仲其窃位者与？知柳下惠之贤而不与立也。"（《论语·卫灵公》）

11．三年之丧，亦已久矣夫！（《礼记·檀弓》）

12．昔者海鸟止于鲁郊。（《庄子·至乐》）

语 法 练 习 （四）

把下列各句译成现代汉语，并说明加"△"号各词的用法：

1．左右欲兵之。（《史记·伯夷叔齐列传》）

2．决荥泽而水大梁，大梁必亡矣。（《战国策·魏策》）

3．夫鼠，昼伏夜动，不穴于寝庙，畏人故也。（《左传·襄公二十三年》）

4．孟尝君不西则已，西入相秦，则天下归之。（《史记·孟尝君列传》）

5．孔子生鲤，字伯鱼。伯鱼年五十，先孔子死。（《史记·孔子世家》）

6．吾欲辅重耳而入之晋，何如？（《韩非子·十过》）

7．将战，华元杀羊食士。（《左传·宣公二年》）

8．齐女乃与赵衰等谋醉重耳。（《史记·晋世家》）

9. 天不靖晋国。（《左传·僖公二十三年》）

10. 王者富民，霸者富士。（《荀子·王制》）

11. 指点江山，激扬文字，粪土当年万户侯。（毛主席《沁园春·长沙》）

12. 常山王奉头鼠窜以归汉王。（《汉书·蒯通传》）

13. 沛公曰："君（张良）为我呼（项伯）入，吾得兄事之。"（《史记·项羽本纪》）

14. 其后秦日出兵山东以伐齐、楚，三晋。（《史记·刺客列传》）

15. 秦俗日败。（《汉书·贾谊传》）

语 法 练 习 （五）

把下列各句译成现代汉语，并说明加"△"号各词的用法：

1. 兵破于陈涉，地夺于刘氏。（《汉书·贾谊传》）

2. 式何故见冤于人？（《史记·平准书》）

3. 武帝使中郎将苏武使匈奴，见留二十年。（《汉书·燕王旦传》）

4. 头足异处，卒为天下笑。（《史记·淮阴侯列传》）

5. 禹之时十年九潦，汤之时八年七旱。（《庄子·秋水》）

6. 智士不再计，勇士不怯死。（《战国策》）

7. 方今吴外困于楚，而内空无骨鲠之臣，是无如我何。《史记·刺客列传》）

8. 吾城郭已治，守备已具，钱粟已足，甲兵有余，奈无箭何？（《韩非子·十过》）

9. 人不畏死，奈何以死惧之？（《老子·七十五章》）

语 法 练 习 （六）

把下列各句译成现代汉语，并分析加"·"号部分的句法：

1. 君子之不耕而食，何也？（《孟子·尽心》）

2. 赏不善而罚善，欲民之治也，不亦难乎？（《吕氏春秋·振乱》）

3. 然则又何以兵为？（《荀子·议兵》）

4. 其为宫室，何以为？冬以圉风寒，夏以圉雨暑。（《墨子·节用上》）

5. 必如公言，即奴事之耳，何战为？（《史记·宋世家》）

6. 孝哉闵子骞！（《论语·先进》）

7. 鲁君之宋，呼于垤泽之门。守者曰："此非吾君也，何其声之似我君也！"（《孟子·尽心》）

8. 夫子圣者与？何其多能也！（《论语·子罕》）

语 法 练 习 （七）

一、把下列各句译成现代汉语，并说明加"△"号各字的用法：

1. 子路行行如也。（《论语·先进》）

2. 夫子循循然善诱人。（《论语·子罕》）

3. 夫子莞尔而笑曰："割鸡焉用牛刀？"（《论语·阳货》）

二、把下列各句译成现代汉语，并分析加"•"号部分的句法：

4．请益车骑壮士可为足下辅翼者。《史记·刺客列传》）

5．单于既立，尽归汉使之不降者。（《汉书·匈奴传》）

三、把下列各句译成现代汉语，并分析加"•"号部分的句法：

6．行一不义，杀一无罪，而得天下，不为也。（《荀子·儒劾》）

7．祸莫大于杀已降，此乃将军所以不得侯者也。（《史记·李将军列传》）

语 法 练 习（八）

把下列各句译成现代汉语，并说明加"△"号各词语的用法：

1．起予者，商也！（《论语·八佾》）

2．政令信者强，政令不信者弱。（《荀子·议兵》）

3．此数者，用兵之患也。（《资治通鉴·赤壁之战》）

4．子之哭也，壹似重有忧者。（《礼记·檀弓》）

5．和氏璧天下所共传宝也。（《史记·廉颇蔺相如列传》）

6．古之为市者，以其所有易其所无者。（《孟子·公孙丑下》）

7．〔宋牼〕曰："吾闻秦楚构兵，我将见楚王说而罢之；楚王不悦，我将见秦王说而罢之。二王我将有所遇焉。"（《孟子·告子下》）

8．目无所见，耳无所闻，心无所知。（《庄子·在宥》）

9．问讯吴刚何所有？吴刚捧出桂花酒。（毛主席《蝶恋花》）

10．便可白公姥，及时相遣归。（《孔雀东南飞》）

11．卿但暂还家，吾今且报府。不久当归还，还必相迎取。
（同上）

12．勤心养公姥，好自相扶将。（同上）

13．阿女含泪答："兰芝初还时，府吏见丁宁，结誓不别
离。……"（同上）

语 法 练 习 （九）

一、把下列各句译成现代汉语，并说明加"△"号各词的用法：

1．故君子莫大乎与人为善。（《孟子·公孙丑上》）

2．昔者有馈生鱼于郑子产。（《孟子·万章上》）

3．韩说以太初三年为游击将军。（《史记·卫青传》）

4．项梁乃以八千人渡江而西。（《史记·项羽本纪》）

二、把下列各句译成现代汉语，并分析加"·"号部分的句法：

5．楚庄王围郑，郑告急晋。（《史记·鲁世家》）

6．伍子胥之亡楚而如吴也，知专诸之能。（《史记·刺客
列传》）

7．臣请剑斩之。（《汉书·霍光传》）

8．勤以补拙，俭以养廉。（吕叔湘《中国文法要略》）

9．口之于味，有同耆也。（《孟子·告子上》）

语 法 练 习 （十）

一、把下列各句译成现代汉语，并说明加"△"号各词的用法：

　　1. 蝗螟，农夫得而杀之，奚故？为其害稼也。（《吕氏春
　　　　秋·不屈》）

　　2. 韩仲子辟人，因为聂政语。（《战国策·韩策》）

　　3. 吾知所以距子矣，吾不言。（《墨子·公输》）

　　4. 臣所以去亲戚而事君者，徒慕君之高义也。（《史记·
　　　　廉颇蔺相如列传》）

　　5. 余退居渭上，杜门不出，时属多雨，无以自娱。（白居
　　　　易《效陶潜体诗十六首序》）

二、把下列各句译成现代汉语，并分析加"·"号部分的句法：

　　6. 阿爷无大儿，木兰无长兄，愿为市鞍马，从此替爷征。
　　　　（《木兰辞》）

　　7. 旦日，客从外来，与坐谈。（《战国策·齐策》）

后　记

一九五八年暑假，南开大学中文系在党的领导下，开展群众性的科研活动，成立了若干个科研小组。古代汉语小组由汉麟负责，青年助教解惠全同志和数名同学在他指导下进行工作。经过一个月的奋战，编写了一部新的古代汉语讲义（《古代汉语读本》的前身）。大约又过了一年半的时间，在新讲义的基础上，由解惠全同志协助，汉麟又把它加工修改成为一本具有新体系的《古代汉语读本》（下简称"读本"）。该书一九六〇年九月曾由人民教育出版社出版发行。

汉麟是一九五四年调到南开大学中文系教古代汉语的。在此以前，南大中文系未开过此课，全国高等院校中文系开设此课的也很少。其时，汉麟没有任何古代汉语教材可以借鉴，他自编讲义（附有练习），自己刻写；从教课到辅导，以至于批改练习，都是他一人。他的讲义以文选为主，通过对文选的讲解，着重分析古汉语的语法特点。课程每到一个段落，便结合文选加以总结，以便同学系统而牢固地掌握古汉语语法的基本规律。他的讲课给同学留下了深刻的印象，并受到同学的好评。有的同学至今二十余年来，还完整而珍重地保存着当年的古代汉语讲义和听课笔记。

从一九五四年至一九五八年期间，系里讲授古代汉语的教师还是汉麟一人。这四年来的教学实践和平日的科研工作，使他对古汉语的规律的认识不断加深，虽尚未系统地写成专著，但已逐

261

步形成了自己的体系。他的讲义、教学笔记、课堂总结、科研成果，综合起来，就是日后《读本》一书的雏形。听过他一九五六年和一九五七年讲课的同志说，他当年课堂的总结课和《读本》一书的体例、结构，几乎完全相同。

汉麟逝世以后，我怀着极其沉痛的心情检视他的遗物，发现《读本》中的十课课文，和他一九五六年编写的古代汉语讲义中的选文有半数相同，有一课相同处竟达80%，其他各课各占60%或40%不等；就是课文的注释，绝大多数内容和引文也与选文一致，尤其是有关语法的分析，更是如此。不过，有的内容在《读本》中阐述得更为明确了。至于那些不同的课文，如从《墨子》、《韩非子》、《新序》、《说苑》等书中选出的段落，据说也是汉麟提出增选的。

从上述情况可以看出，《读本》是在汉麟的原来的古代汉语讲义的基础上逐步形成的，可以说是他多年教学经验和平日科研成果的结晶。

逝水流光，《读本》问世已二十一年了，汉麟逝世亦已二年半。回想十年动乱之中，汉麟既遭到林江反革命集团的摧残，又饱受病魔的折磨。不论是顺境还是逆境，不论是康健还是病中，他却从未放下工作，从未停止对古汉语的刻苦钻研。在他多年积累的浩繁的语法例句的素材中，对古汉语语法有不少新发现。遗憾的是正当他着手整理之际，不幸病情恶化，溘然长逝。他生前对《读本》虽作了一些校改，但近几年来研究古汉语的新成果却未来得及写进去。

二十一年后的今天，《读本》重新出版，我是百感交集，哀思不已。该书付印之前，吴云同志根据汉麟生前的手校本作了细心的修订；尤其是邢公畹先生，在百忙中又写了序文。在此，一并表示感谢。

游　珏附记

一九八一年二月二十日

在我写完这篇《后记》的半年之后，再次检视汉麟遗物，翻阅了他的日记和一些文稿，发现汉麟在日记中对编写《读本》有详细的记录。他并在一九六〇年，《读本》出版发行之后写的一篇文章的手稿中说：

"……这本书（按指《读本》）是在我过去所编的讲义的基础上编起来的。从体例到选材，从注解到语法分析，我付出了不少的劳动和心血。特别是其中语法部分，包含了我几年来没有发表的若干科学研究成果。"

游　珏补记

一九八二年一月